CONTRIBUIÇÃO PARA A GUERRA EM CURSO

TIQQUN
Contribuição para a guerra em curso
[cc] n-1 edições, 2019
ISBN 978-85-66943-76-4

Embora adote a maioria dos usos editoriais do âmbito brasileiro, a n-1 edições não segue necessariamente as convenções das instituições normativas, pois considera a edição um trabalho de criação que deve interagir com a pluralidade de linguagens e a especificidade de cada obra publicada.

COORDENAÇÃO EDITORIAL Peter Pál Pelbart e
    Ricardo Muniz Fernandes
DIREÇÃO DE ARTE Ricardo Muniz Fernandes
ASSISTENTE EDITORIAL Inês Mendonça
TRADUÇÃO Vinícius Nicastro Honesko
REVISÃO Diogo Henriques
PROJETO GRÁFICO Érico Peretta

A reprodução parcial sem fins lucrativos deste livro, para uso privado ou coletivo, está autorizada, desde que citada a fonte. Se for necessária a reprodução na íntegra, solicita-se entrar em contato com os editores.

n-1 edições
1ª edição | São Paulo | março de 2019
n-1edicoes.org

TIQQUN

CONTRIBUIÇÃO PARA A GUERRA EM CURSO

TRADUÇÃO Vinícius Nicastro Honesko
POSFÁCIO Giorgio Agamben

7 Introdução à guerra civil

175 Uma metafísica crítica poderia nascer como ciência dos dispositivos

257 A propósito de Tiqqun
Giorgio Agamben

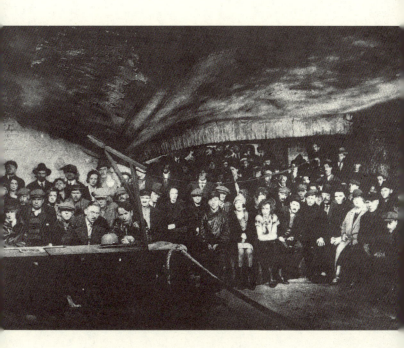

Introdução
à guerra civil

Nós, decadentes, temos nervos frágeis. Tudo, ou quase tudo, nos fere, e o resto é apenas uma provável causa de irritação, por meio da qual avisamos que não queremos ser tocados. Suportamos doses de verdade cada vez mais reduzidas, já quase nanométricas, e contra elas preferimos grandes goladas de antídoto. Imagens de alegria, sensações plenas e muito conhecidas, palavras doces, superfícies suaves, sentimentos familiares e interiores, em suma, a narcose a quilo, mas, sobretudo: nada de guerra, sobretudo, nada de guerra. Diante de tudo isso que pode ser expresso, todo este contexto amniótico-securitário se reduz ao desejo de uma *antropologia positiva*. Temos necessidade de que nos seja dito o que é "um homem", o que "nós" somos, o que nos é permitido querer e ser. Por fim, esta é uma época fanática por diversas razões e, particularmente, nesse assunto sobre o homem, no qual se sublima a evidência do Bloom.[1]

---

1. A noção de *Bloom* é desenvolvida a partir da personagem Leopold Bloom, de James Joyce, e pelo Tiqqun no artigo "Teoria do Bloom", publicado em 1999 como parte do número 1 da revista Tiqqun. Em 2000, o texto foi republicado pela editora La Fabrique. Neste volume, a noção de Bloom será explanada no início da segunda parte, *Uma metafísica crítica poderia nascer como ciência dos dispositivos.* [N.T.]

A antropologia positiva, em seu modo dominante, não é tal apenas em virtude de uma concepção pacífica, um pouco tola e amavelmente católica, da natureza humana; ela é positiva por emprestar positivamente ao "Homem" qualidades, atributos determinados, predicados substanciais. É por isso que também a antropologia pessimista dos anglo-saxões, com sua hipóstase dos interesses, das necessidades, do *struggle for life*, entra no projeto para nos tranquilizar, pois ela ainda fornece algumas convicções praticáveis sobre a essência do homem.

Nós que, todavia, não queremos nos acomodar em nenhum tipo de conforto, nós que, é certo, temos nervos frágeis, mas também o projeto de torná-los cada vez mais resistentes e inalteráveis, temos em conta que é preciso algo totalmente diferente. Precisamos de uma antropologia *radicalmente negativa*, de algumas abstrações suficientemente vazias e transparentes para nos proibir de prejulgar o que quer que seja, uma *física* que reserve a cada ser e a cada situação sua disposição ao milagre. Conceitos que quebrem o gelo para ter acesso, *dar lugar*, à experiência. Para fazer para si os receptáculos.

Sobre os homens, isto é, sobre sua coexistência, não podemos dizer nada que não nos sirva ostensivamente como tranquilizante. A impossibilidade de esperar o que quer que seja dessa implacável liberdade nos leva a designá-la com um termo não definido, uma palavra cega, com a qual se tem o costume de nomear aquilo sobre o que nada se compreende, pois não se *quer* compreender, compreender *que o mundo nos reivindica*. Essa expressão é *guerra civil*. A opção é tática; trata-se de reapropriar-se preventivamente desse termo por meio do qual nossas operações estarão *necessariamente recobertas*.

A GUERRA CIVIL, AS FORMAS-DE-VIDA

"Aquele que, na guerra civil,
não tomar partido será
marcado de infâmia
e perderá todo direito político."

SÓLON,
Constituição de Atenas

01

A unidade humana elementar não é o *corpo* – o indivíduo –, mas a forma-de-vida.

02

A forma-de-vida não está *além* da vida nua; ela é muito mais sua polarização íntima.

03

Cada corpo é afetado por sua forma-de-vida como por um clinâmen, uma inclinação, uma atração, um *gosto*. Aquilo em direção ao qual se inclina um corpo inclina-se também, por sua vez, em direção a ele. Isso vale em toda situação. Todas as inclinações são recíprocas.

GLOSA: Em um primeiro e superficial olhar, pode parecer que o Bloom daria a prova contrária, o exemplo de um corpo privado de atração, de inclinação, hirto a toda atração. De fato, é possível perceber que o Bloom não recobre tanto uma ausência de gosto quanto um singular *gosto pela ausência*. Apenas esse gosto pode dar conta dos esforços que o Bloom direciona positivamente para *se manter* no Bloom, para manter distante aquilo que se inclina em direção a ele e declinar toda experiência. Parecido nisso ao religioso que, à falta da possibilidade de opor a "este mundo" *outra mundanidade*, devolve sua ausência ao mundo como crítica da mundanidade, o Bloom procura na fuga para fora do mundo a questão de um mundo sem fora. Em toda situação, ele responderá com o mesmo desprendimento, com a mesma fuga para fora da situação. O Bloom é assim o corpo distintamente afetado *por uma queda em direção ao nada*.

04

Esse gosto, esse clinâmen, pode ser conjurado ou assumido. A assunção de uma forma-de-vida não é apenas o saber sobre essa inclinação, mas o *pensamento* desta. Chamamos *pensamento* o que converte a forma-de-vida em *força*, em efetividade sensível.

Em cada situação se apresenta uma linha distinta de todas as outras, uma linha *de crescimento de potência*. O pensamento é a aptidão para distinguir e seguir essa linha. O fato de que uma forma-de-vida só pode ser assumida seguindo essa linha de crescimento de potência carrega esta consequência: *todo pensamento é estratégico*.

GLOSA: Aos nossos olhos tardios, a conjuração de toda forma-de-vida mostra-se como o destino próprio do Ocidente. A maneira dominante dessa conjuração, em uma civilização que não podemos mais dizer nossa sem consentir em nossa própria liquidação, será paradoxalmente manifestada como *desejo de forma*, como procura por uma semelhança arquetípica, por uma Ideia de si colocada antes e diante de si. Por certo, onde quer que se tenha exprimido com alguma amplitude, esse *voluntarismo da identidade* mal pôde mascarar o frio niilismo, a aspiração ao nada que forma seu eixo.

Mas a conjuração das formas-de-vida também tem seu modo menor, mais dissimulado, que se denomina *consciência* e, em seu ponto alto, *lucidez;* todas "virtudes" que SE[2] apreciam ainda mais por acompanharem a impotência dos corpos. A partir de agora, A GENTE chama de "lucidez" o saber dessa impotência que não contém nenhum poder de dela escapar.

Desse modo, assumir uma forma-de-vida é o oposto de uma tensão da consciência ou da vontade, de um efeito de uma ou de outra.

Assumir é muito mais o abandono, isto é, ao mesmo tempo uma queda e uma elevação, um movimento e um repousar-em-si.

---

2. Ao longo dos textos que compõem este livro (e também nos demais publicados por Tiqqun), o pronome *on* aparece, em diversos momentos, em caixa alta. Como em francês seu uso é múltiplo (de sujeito indeterminado a um conjunto de pessoas, de valor geral de verdade a equivalente da primeira pessoal do plural), não temos um correspondente específico em português. Assim, a tradução se deu de acordo com o contexto semântico, opção esta que, em alguma medida, deixou a questão *estilística* em segundo plano. [N.T.]

05

"Mas" forma-de-vida não se relaciona *ao que* eu sou, mas ao *como* eu sou aquilo que sou.

GLOSA: Esse enunciado opera um ligeiro deslocamento. Um ligeiro deslocamento no sentido de uma saída da metafísica. Sair da metafísica não é um imperativo filosófico, é uma necessidade fisiológica. No extremo de seu desenvolvimento presente, a metafísica se resume a uma injunção planetária à ausência. Aquilo que o Império exige não é que cada um se conforme a uma lei comum, mas à sua identidade particular; pois o poder imperial depende da aderência dos corpos a suas supostas qualidades, a seus predicados, para controlá-los.

"Minha" forma-de-vida não se relaciona *ao que* eu sou, mas ao *como* eu sou aquilo que sou, ou, dito de outra forma: entre um ser e suas "qualidades", há o abismo de sua presença, a experiência singular que *eu* faço dele, em certo momento, em certo lugar. Para a maior infelicidade do Império, a forma-de-vida que anima um corpo não está contida em nenhum de seus predicados – grande, branco, louco, rico, pobre, carpinteiro, arrogante, mulher ou francês –, mas no *como* singular de sua presença, no irredutível acontecimento de seu ser-em-situação. E é aí que a predicação se exerce com mais violência, no domínio fedorento da moral, que sua derrota é também a mais jubilosa: quando, por exemplo, encontramo-nos diante de um ser inteiramente abjeto, mas cujo *modo* de ser abjeto nos toca até apagar em nós toda repulsão e, por isso, nos prova *que a própria abjeção é uma qualidade*.

Assumir uma forma-de-vida quer dizer ser fiel a suas inclinações mais do que a seus predicados.

06

A questão de saber por que um corpo é afetado por uma forma-de-vida mais do que por outra é tão desprovida de sentido quanto a de saber por que há algo em vez de nada. Ela assinala apenas a recusa, por vezes o terror, de conhecer a contingência. E, *a fortiori*, uma recusa em tomá-la em ato.

GLOSA α: Uma questão mais digna de interesse seria saber *como* um corpo se junta à substância, como um corpo se torna *espesso, como incorpora* a experiência. O que faz com que, por vezes, experimentemos polarizações pesadas, que vão longe, e por vezes polarizações fracas, superficiais? Como se extrair da dispersa massa dos corpos bloomescos, desse movimento browniano global no qual os mais vivos passam de microabandono em microabandono, de uma forma-de-vida atenuada a outra, segundo um constante princípio de prudência: jamais ser levado para além de certo nível de intensidade? Como os corpos puderam chegar a tal ponto de *transparência*?

GLOSA ß: Há toda uma concepção bloomesca da liberdade como liberdade de *escolha*, como abstração metódica de cada situação, concepção que forma o mais seguro antídoto contra toda liberdade real. Isso, pois a única liberdade substancial está em seguir a linha do crescimento da potência de uma forma-de-vida até o fim, até o ponto em que ela se esvai, liberando em nós um poder superior de ser afetado por outras formas-de-vida.

07

A persistência de um corpo em se deixar afetar, a despeito da verdade das situações que ele atravessa, por uma *única* forma-de-vida é função de sua rachadura. Quanto mais um corpo está quebrado, isto é, quanto mais sua rachadura aumentou em tamanho e profundidade, menos numerosas são as polarizações compatíveis com sua sobrevivência e mais ele tenderá a recriar as situações nas quais se encontra engajado a partir de suas polarizações familiares. Com a rachadura dos corpos cresce a ausência no mundo e a penúria das inclinações.

GLOSA: Forma-de-vida, isto é: minha relação comigo mesmo é apenas uma *peça* de minha relação com o mundo.

08

A experiência que uma forma-de-vida faz de outra forma-de-vida não é comunicável a esta última, mesmo se é traduzível; e todos sabem o que se passa nas traduções. Apenas fatos podem ser exibidos: comportamentos, atitudes, dizeres, *fofocas;* as formas-de-vida não guardam posições neutras entre si, nenhum abrigo seguro para um observador universal.

GLOSA: Obviamente, não faltam candidatos para reduzir as formas-de-vida ao esperanto objetual das "culturas", "estilos", "modos de vida" e outras misérias relativistas. O objetivo desses infelizes não tem nenhum mistério: trata-se sempre de nos fazer entrar no grande jogo unidimensional das identidades e das diferenças. Assim se manifesta a mais arrogante hostilidade em relação a *toda* forma-de-vida.

09

Em si próprias, as formas-de-vida não podem ser ditas, descritas, apenas mostradas, nomeadas, isto é, em um contexto necessariamente singular. Seu jogo, por outro lado, considerado localmente, obedece a estritos determinismos significantes. Se forem pensados, esses determinismos se tornam *regras*, suscetíveis então de emendas. Cada sequência desse jogo é delimitada, em cada uma de suas extremidades, por um *acontecimento*. O acontecimento retira o jogo de si mesmo, neste faz uma dobra, suspende os determinismos passados e inaugura outros segundo os quais ele exige ser interpretado. Em todas as coisas, nós começamos pelo meio.

GLOSA α: A distância requerida para a descrição *como tal* de uma forma-de-vida é propriamente aquela da intimidade.

GLOSA ß: A própria ideia de "povo" – de raça, classe, etnia e nação –, como apreensão massiva de uma forma-de-vida, sempre foi desmentida pelo fato de que as diferenças étnicas *no seio* de cada "povo" sempre foram maiores do que as diferenças étnicas entre os "povos".

10

A guerra civil é o livre jogo das formas-de-vida, o princípio de sua coexistência.

11

Guerra porque, em cada jogo singular entre formas-de-vida, a eventualidade do confronto bruto, do recurso à violência, *jamais* pode ser anulada.

Civil porque as formas-de-vida não se confrontam como Estados, como coincidências entre população e território, mas como *partidos*, no sentido que esta palavra tinha até a chegada do Estado moderno, isto é, uma vez que agora é preciso especificar, como *máquinas de guerra partisanas*.

Guerra civil, enfim, porque as formas-de-vida ignoram a separação entre homens e mulheres, existência política e vida nua, civis e tropas regulares;

porque a neutralidade *ainda é um partido* no livre jogo das formas-de-vida;

porque esse jogo não tem nem início nem fim que possam ser *declarados*, a não ser um fim físico do mundo que, justamente, ninguém poderia declarar de modo preciso;

e, sobretudo, porque não conheço corpo que não se encontra arrastado sem esperanças no curso excessivo e perigoso do mundo.

GLOSA α: A "violência" é uma novidade histórica; nós, decadentes, somos os primeiros a conhecer essa coisa curiosa: *a violência*. As sociedades tradicionais conheciam o roubo, a blasfêmia, o parricídio, o rapto, o sacrifício, a afronta e a vingança; já os Estados modernos, por trás do dilema da qualificação dos fatos, tendiam a não reconhecer senão a infração à Lei e a pena que vinha para corrigi-la. Mas eles não ignoravam as guerras exteriores e, no interior, a disciplinarização autoritária dos corpos. Somente os Bloom, de fato, somente os átomos temerosos da sociedade imperial conhecem "a violência" como mal radical e único que se apresenta sob uma infinidade de máscaras por trás das quais é vitalmente importante reconhecê-la para melhor erradicá-la. Na realidade, a violência existe para nós como *aquilo de que fomos despossuídos* e de que hoje devemos nos reapropriar.

Quando o Biopoder começa a falar sobre os acidentes nas estradas, sobre a "violência das estradas", compreende-se que na noção de violência a sociedade imperial só designa sua própria vocação à morte. Ela forjou aí o conceito negativo por meio do qual rejeita tudo aquilo que nela é ainda portador de intensidade. De modo cada vez mais expresso, a sociedade imperial vê a si mesma, em todos esses aspectos, *como violência*. E é no rastro de violência, que deixa por toda parte, que exprime seu próprio desejo de *desaparecimento*.

GLOSA ß: A GENTE reluta em falar de guerra civil. E, quando mesmo assim A GENTE o faz, é para lhe dar um lugar e para circunscrevê-la no tempo. Seja a "guerra civil na França" (1871), na Espanha (1936-1939), a guerra civil na Argélia e, talvez em breve, na Europa. A esse respeito, é importante notar que os franceses, seguindo sua natural emasculação, traduzem o americano "Civil War" por "Guerre de Sécession", para melhor significar sua determinação em tomar de modo incondicional o partido do vencedor onde quer que este coincida com o Estado. Não podemos nos separar desse hábito que dá à guerra civil um início, um fim e um limite territorial – em resumo, fazer dela uma exceção ao curso normal das coisas mais do que considerar suas infinitas metamorfoses no tempo e no espaço – senão elucidando a manobra que esse hábito esconde. Assim, seria possível lembrar que aqueles que, no início dos anos 1960, pretendiam liquidar a guerrilha na Colômbia chamaram de "la Violencia" (a Violência) o episódio histórico que queriam encerrar.

12

O ponto de vista da guerra civil é o ponto de vista do político.

13

Quando dois corpos afetados, em certo lugar e momento, pela mesma forma-de-vida acabam por se encontrar, eles fazem a experiência de um pacto objetivo, anterior a toda decisão. Essa experiência é a experiência da *comunidade*.

GLOSA: É preciso imputar à privação dessa experiência o velho fantasma do metafísico que ainda assombra o imaginário ocidental: o fantasma da comunidade humana, também conhecido sob o nome de *Gemeinwesen* por certo público parabordiguista.[1] É justamente porque não tem acesso a nenhuma comunidade real, e, portanto, em virtude de sua extrema separação, que o intelectual ocidental pôde forjar para si esse pequeno fetiche para distração: a comunidade humana. Esteja ele com o uniforme nazi--humanista da "natureza humana" ou com os velhos trapos já surrados da antropologia, que se debruce sobre a ideia de uma comunidade da potência cuidadosamente desencarnada ou se lance de cabeça baixa à perspectiva

---

1. Referência ao bordiguismo, corrente política tradicionalmente relacionada à extrema esquerda inspirada no italiano Amadeo Bordiga (1889-1970). [N.T.]

menos refinada do homem total – aquele que totalizaria o conjunto dos predicados humanos –, é sempre o mesmo terror de ter que pensar sua situação singular, determinada e *acabada* que vai procurar refúgio no fantasma reconfortante da totalidade, da unidade terrestre. A abstração subsequente pode se chamar multidão, sociedade civil global ou gênero humano, isso não tem nenhuma importância: é a operação que conta. Todas as recentes asneiras sobre *A* sociedade cibercomunista e sobre *O* homem cibertotal não teriam ganhado espaço sem uma oportunidade estratégica no mesmo instante em que um movimento se levanta para refutá-las. Lembremos que a sociologia nascia no momento e no lugar exatos – a França – onde, no coração do social, o conflito mais irreconciliável jamais ocorrido, a luta de classes, se desenrolava em sua forma mais violenta na segunda metade do século XIX. E, por assim dizer, ela nasce como resposta a esse conflito.

Hoje, quando a própria "sociedade" não é mais que uma hipótese, e não das mais plausíveis, tomar a defesa contra o fascismo latente de toda comunidade é um exercício retórico fadado ao fracasso. Pois quem, hoje, ainda fala da "sociedade" senão os cidadãos do Império, aqueles que fazem *bloco*, ou, antes, aqueles que *se amontoam* contra a evidência de sua implosão definitiva, contra a evidência ontológica da guerra civil?

14

Só há comunidade nas relações singulares. Jamais há *a* comunidade, só *há algo de* comunidade, que circula.

GLOSA α: A comunidade jamais designa um conjunto de corpos concebidos independentemente de seu mundo, mas certa natureza das relações entre esses corpos e desses corpos com seu mundo. A comunidade, a partir do instante em que quer se encarnar em um sujeito isolável, em uma realidade distinta, a partir do instante em que quer materializar a separação entre um fora e seu dentro, confronta-se com sua própria impossibilidade. Esse ponto de impossibilidade é a comunhão. A total presença a si da comunidade, a comunhão, coincide com a dissipação de toda comunidade nas relações singulares, com sua ausência tangível.

GLOSA ß: Todo corpo está em movimento. Mesmo imóvel, ainda vem à presença, coloca em jogo o mundo que ele carrega, vai em direção a seu destino. Da mesma forma, certos corpos *vão juntos*, tendem, inclinam-se um em direção ao outro: há entre eles a comunidade. Outros se evitam, não se compõem, chocam-se. Na comunidade de cada forma-de-vida, entram também comunidades de coisas e de gestos, comunidades de hábitos e de afetos, uma comunidade de pensamentos. É indiscutível que os corpos privados de comunidade são também, por isso, privados *de gosto:* eles não veem que certas coisas vão juntas, outras não.

15

A comunidade jamais é a comunidade *daqueles que estão aí.*

GLOSA: Toda comunidade está ao mesmo tempo *em ato e em potência*, isto é, enquanto ela se quer puramente em ato, por exemplo, na Mobilização Total, ou puramente em potência, como no isolamento celeste do Bloom, *não há* comunidade.

16

O encontro de um corpo afetado pela mesma forma--de-vida que eu, a comunidade, me coloca em *contato* com minha própria potência.

17

O *sentido* é o elemento do Comum, isto é, que todo acontecimento, enquanto irrupção de sentido, instaura um comum.

O corpo que diz "eu" na verdade diz "nós".

O gesto ou o enunciado dotado de sentido recorta na massa de corpos uma comunidade *determinada*, esta que, então, será necessário assumir para poder assumir esse gesto, esse enunciado.

18

Quando dois corpos animados, em certo momento e lugar, por formas-de-vida absolutamente estranhas uma em relação à outra acabam por se encontrar, eles fazem experiência da *hostilidade*. Esse encontro não funda nenhuma relação, mas atesta a não relação prévia.

O *hostis* pode muito bem ser reconhecido e sua situação conhecida; ele mesmo não saberia ser conhecido, isto é, conhecido *como singular*. A hostilidade é precisamente a impossibilidade dos corpos, que não podem de forma alguma se compor, de se conhecerem como singulares.

Conhecida como singular, cada coisa escapa, por isso mesmo, à esfera da hostilidade, torna-se amiga ou inimiga.

19

Para mim, o *hostis* é um nada que exige ser aniquilado, seja cessando de ser hostil, seja cessando de existir.

20

O *hostis* pode ser aniquilado, mas a hostilidade, enquanto esfera, não pode ser reduzida a nada. O humanista imperial, aquele que se gaba de que "nada do que é humano lhe é estranho", apenas nos recorda quais esforços foram-lhe necessários para se render a esse ponto estranho *a ele mesmo*.

21

A hostilidade se pratica de formas diversas, com resultados e métodos variáveis. A relação mercantil ou contratual, a difamação, a violação, o insulto, a destruição pura e simples, colocam-se lado a lado: são práticas de *redução;* no limite, A GENTE a compreende. Outras formas de hostilidade tomam caminhos mais tortuosos e, por isso, menos aparentes. Tomemos o *potlatch,* o louvor, a polidez, a prudência, a hospitalidade, que SE reconhecem mais raramente como práticas de *achatamento;* e assim o são, todavia.

GLOSA: Em seu *Vocabulário das instituições indo-europeias,* Benveniste não consegue explicar como, em latim, *hostis* pôde significar "estrangeiro", "inimigo", "anfitrião" e "aquele que tem os mesmos direitos que o povo romano", ou ainda "aquele a quem me liga uma relação de *potlatch*", isto é, uma relação de reciprocidade *obrigada* pelo dom. No entanto, é muito evidente que o direito, as leis da hospitalidade, o achatamento sob um monte de presentes ou sob uma ofensiva armada são maneiras de *apagar* o *hostis,* de impedir que, para mim, ele seja algo singular. É assim que eu mantenho o *hostis* em sua estraneidade; é nossa fraqueza que nos impede de admiti-lo. O terceiro artigo de *À paz perpétua*, no qual Kant encara as condições da desintegração final de todas as comunidades particulares e de sua reintegração formal no Estado universal, enuncia, no entanto, sem equívoco: "O direito *cosmopolita* deve se limitar às condições da *hospitalidade* universal." Mais próximo de nós, Sebastian Roché, o desconhecido autor da noção de "incivilidade", doutrinador francês da tolerância zero, herói da República impossível, não nomeou seu último livro, publicado em março de 2000, com o nome de sua utopia: *A sociedade de hospitalidade*? Sebastian Roché leu Kant, Hobbes, *France-Soir* ou leu diretamente os pensamentos do ministro do Interior?

22

Nada daquilo que habitualmente chamamos de "indiferença" existe. Se uma forma-de-vida é para mim indiferente, isso significa que ela não é nada para mim, *nem mesmo indiferente*. Se eu a conheço e ela para mim existe *como se* não existisse, nesse caso, para mim ela é simplesmente, e com todas as evidências, *hostil*.

23

A hostilidade me distancia de minha própria potência.

24

Entre as latitudes extremas da comunidade e da hostilidade se estende a esfera da amizade e da inimizade. A amizade e a inimizade são noções ético-políticas. O fato de ambas darem lugar a intensas circulações de afetos apenas prova que as realidades afetivas são objetos de arte, que o jogo das formas-de-vida pode ser *elaborado*.

GLOSA α: Em meio à coleção de instrumentos que o Ocidente estabeleceu contra toda comunidade, há um que ocupa, desde aproximadamente o século XII, um lugar ao mesmo tempo predominante e insuspeitável: falo do conceito de *amor*. É preciso reconhecer, por meio da falsa alternativa que acabou por se impor por toda parte ("você me ama ou não?"), uma espécie de eficácia muito notável no que diz respeito ao mascaramento, à repressão, à pulverização de toda uma gama muito diferenciada dos afetos e de todos os graus criadores de intensidades que podem se produzir no contato entre os corpos. Assim, o amor serviu para reduzir toda a extrema possibilidade de elaboração de jogos entre formas-de-vida. Com certeza, a miséria ética presente, que funciona como uma espécie de permanente chantagem ao casal, deve muito ao amor.

GLOSA ß: Como prova disso, seria suficiente relembrar como, ao longo do processo de "civilização", a criminalização de todas as paixões caminhou em conjunto com a santificação do amor como única paixão, como *a* paixão por excelência.

GLOSA γ: Naturalmente, isso vale para a própria noção de amor, e não para aquilo que, contra seus próprios projetos, ela acabou permitindo. Não falo apenas de algumas perversões memoráveis, mas também do pequeno projétil "eu te amo", que *sempre* é um acontecimento.

25

O amigo é aquele a quem sou ligado por uma eleição, um acordo, uma *decisão* tal que o crescimento de sua potência comporta também o crescimento da minha. De modo simétrico, o inimigo é aquele a quem sou ligado por uma eleição, um desacordo tal que o crescimento de minha potência exige que eu o afronte, que eu mine suas forças.

GLOSA: Esta foi uma fulgurante resposta de Hannah Arendt a um sionista que, depois da publicação de *Eichmann em Jerusalém* e do escândalo que se seguiu, reprovava nela o fato de não amar o povo de Israel: "Eu não amo povos. Eu só amo meus amigos."

26

O que está em jogo no confronto com o inimigo jamais é sua existência, mas sua potência.

Um inimigo aniquilado não só não pode reconhecer sua derrota como sempre acaba *voltando* como um espectro e, mais tarde, como *hostis*.

27

Toda diferença entre formas-de-vida é uma diferença *ética*. Essa diferença autoriza um jogo, *jogos*. Esses jogos não são políticos enquanto tais, eles assim se tornam a partir de certo grau de intensidade, isto é, também, *a partir de certo grau de elaboração*.

GLOSA: Nós reprovamos este mundo não porque ele se abandona à guerra de modo atroz ou porque tenta evitá-la por todos os meios, mas somente porque ele reduz a guerra *a suas formas mais nulas*.

28

Não procurarei demonstrar aqui a permanência da guerra civil por meio da celebração mais ou menos estupefata de alguns belos episódios da guerra social ou pelo inventário dos momentos de expressão privilegiados do antagonismo de classe. Não tratarei da revolução inglesa, russa ou francesa, da makhnovista,[2] da Comuna de Paris, de Gracchus Babeuf, de Maio de 1968 e nem mesmo da Guerra Civil Espanhola. Os historiadores me agradecerão por isso: não vou tirar seu ganha-pão. Seguindo um método claramente mais retorcido, mostrarei *como* a guerra civil persiste mesmo onde se considera que ela está ausente ou provisoriamente controlada. Tratarei de expor os *meios* de uma empreitada contínua de despolitização que, partindo da Idade Média, chega até nós, meio no qual, é notório, "tudo é político" (Marx). Em outras palavras, o conjunto não será apreendido a partir dos cumes históricos, mas desde um tipo de linha existencial de contínua baixa altitude.

2. Referente ao "Exército Makhnovista" ou "Exército Negro", comandado pelo anarquista Nestor Makhno durante a Guerra Civil Russa e a Revolução Ucraniana (1917-1922). [N.T.]

GLOSA: Da mesma forma como o fim da Idade Média é marcado pela cisão do elemento ético em duas esferas autônomas, a moral e a política, assim também a chegada dos "Tempos Modernos" é marcada pela reunificação *enquanto separados* desses dois domínios abstratos. Reunificação por meio da qual se obteve nosso novo tirano: O SOCIAL.

29

Há duas maneiras, mutuamente *hostis*, de *nomear:* uma, para conjurar; outra, para assumir. O Estado moderno e depois o Império falam de "guerra civil", mas assim o fazem para melhor sujeitar a massa daqueles que dariam tudo para conjurá-la. Eu também falo de "guerra civil", e mesmo como de um fato originário. Falo de guerra civil com o intuito de assumi-la, de assumi-la *em direção de suas formas mais altas*. Isto é: segundo meu gosto.

30

Chamo comunismo o movimento real que elabora em todo lugar e a todo instante a guerra civil.

31

Minha própria intenção não deverá, então, se mostrar clara e explicitamente. Ela será sensível a todos aqueles que com ela têm familiaridade e, pelo contrário, de todo ausente àqueles que dela não têm a mínima ideia. Para o resto, os programas só servem para retardar aquilo que promovem. Kant via o critério da moralidade de uma máxima no fato de que sua publicidade não viesse a contradizer sua efetuação. A moralidade de meu projeto não poderá exceder, portanto, a seguinte fórmula: *propagar certa ética da guerra civil, certa arte das distâncias.*

O ESTADO MODERNO, O SUJEITO ECONÔMICO

"A história da formação do Estado na Europa
é a história da neutralização
dos contrastes confessionais, sociais
e de outros no seio do Estado."

CARL SCHMITT,
Neutralidade e neutralização

32

O Estado moderno não se define como um conjunto de instituições cujas diferentes formas de agenciamento ofereceriam a oportunidade de um interessante pluralismo. O Estado moderno, enquanto persiste, define-se *eticamente* como o teatro de operação de uma ficção bífida: aquela segundo a qual existiriam neutralidade e centralidade em relação às formas-de-vida.

GLOSA: É possível reconhecer as frágeis construções do poder em sua pretensão incessantemente renovada de estabelecer ficções como *evidências*. Ao longo dos Tempos Modernos, uma dentre essas ficções parece constituir o palco de todas as outras: aquela de uma *neutralidade central*. A Razão, o Dinheiro, a Justiça, a Ciência, o Homem, a Civilização ou a Cultura – por toda parte, o mesmo movimento fantasmagórico: coloca-se a existência de um centro, e esse centro seria eticamente neutro. O Estado, portanto, como condição histórica do florescimento desses termos insípidos.

33

O Estado moderno, etimologicamente, carrega a raiz indo-europeia *st-*, ligada à fixidez, a coisas imutáveis, àquilo que *é*. A manobra enganou muita gente. Hoje, quando o Estado apenas sobrevive, o reverso se esclarece: é a guerra civil – *stasis*, em grego – que se configura como permanência, enquanto o Estado moderno terá sido apenas um *processo de reação* a esta permanência.

GLOSA α: De modo contrário ao que SE tenta acreditar, a historicidade própria às ficções da "modernidade" jamais foi a de uma estabilidade adquirida desde sempre, de um limiar enfim ultrapassado, mas justamente a de um processo de *mobilização sem fim*. Sob os dados inaugurais da historiografia oficial, sob o gesto edificante do progresso linear, não cessou de realizar todo um trabalho ininterrupto de reagenciamento, correção, aperfeiçoamento, recobrimento, deslocamento e, por vezes, até mesmo de uma custosa reconstrução. Foi esse trabalho, e suas repetidas derrotas, que fez com que nascesse todo o monte de lixo nervoso do novo. A modernidade: não um estado no qual A GENTE estaria instalado, mas uma tarefa, um *imperativo de modernização*, de expansão de fluxo, crise após crise, e finalmente vencido apenas por nossa lassidão e nosso ceticismo.

GLOSA ß: "Esse estado de coisas deriva de uma diferença, que não é muito notada, entre as sociedades modernas e as sociedades antigas quanto às noções de guerra e de paz. A relação entre o estado de paz e o estado de guerra é, de antigamente até hoje, exatamente inversa. A paz é para nós o estado normal que uma guerra vem romper; para os antigos, o estado normal é o estado de guerra cujo fim é colocado por uma paz" (Benveniste, *O vocabulário das instituições indo-europeias*).

34

Em teoria e na prática, o Estado moderno nasce para colocar fim à guerra civil, dita então "religiosa". Ele é, portanto, historicamente e em sua vocação, *segundo* em relação à guerra civil.

GLOSA: Os *seis livros da República*, de Jean Bodin, aparecem quatro anos depois do massacre da noite de São Bartolomeu, e o *Leviatã*, de Thomas Hobbes, onze anos depois do Longo Parlamento. A continuidade do Estado moderno, do absolutismo para o Estado de bem-estar social, será aquela de uma *guerra* incessante e sem tréguas contra a guerra civil.

35

Com a Reforma e, na sequência, as guerras religiosas, no Ocidente, perde-se a unidade do mundo tradicional. O Estado moderno surgiu então como portador do projeto de recomposição dessa unidade, desta vez secularmente, não mais como unidade orgânica, mas como unidade *mecânica*, como *máquina*, como artificialidade consciente.

GLOSA α: Aquilo que, na Reforma, devia fazer ruir toda a organicidade das mediações costumeiras é a brecha aberta por uma doutrina que professa a estrita separação da fé e das obras, do reino de Deus e do reino do mundo, do homem interior e do homem exterior. As guerras religiosas apresentam, então, um espetáculo absurdo de um mundo que cai num abismo apenas porque o vislumbrou, de uma harmonia que se fragmenta sob o impulso de milhares de pretensões absolutas e discordantes em face da unidade. Por conta das querelas entre seitas, as religiões introduzem assim, contra a vontade, a *ideia* da pluralidade ética. Mas aqui a guerra civil ainda é concebida por aqueles que a suscitam como algo que em breve deve terminar, de modo que as formas-de-vida não sejam assumidas, mas condenadas à *conversão* segundo um ou outro padrão existente. Desde então, os diversos levantes do Partido Imaginário disso se encarregaram de tornar obsoleta a reflexão de Nietzsche, que, em 1882, escrevia: "O maior progresso das massas foi, até hoje, a guerra religiosa, pois ela é a prova de que a massa começou a tratar as ideias com respeito."

GLOSA ß: Tendo alcançado a outra extremidade de sua trajetória histórica, o Estado moderno reencontra seu velho inimigo: as "seitas". Mas, desta vez, não é ele a força política ascendente.

36

O Estado moderno, ao assumir como própria a operação do protestantismo, põe fim à desordem que este havia trazido ao mundo. Ao *instituir* a fratura, denunciada pela Reforma, entre o foro interior e as obras exteriores, o Estado moderno extingue as guerras civis "religiosas" e, com elas, as próprias religiões.

GLOSA: A partir disso haverá, de um lado, a consciência moral, privada, "absolutamente livre" e, de outro, a ação política, pública, "absolutamente submissa à razão de Estado". E serão duas esferas distintas e independentes. O Estado moderno engendra-se a partir do nada ao extrair do tecido ético tradicional o espaço moralmente neutro da técnica política, da soberania. O gesto dessa criação é o de um autômato melancólico. Quanto mais os homens se distanciam desse momento de fundação, tanto mais o sentido deste se perde. É o calmo desespero que ainda se exprime na antiga fórmula: *cuius regio, eius religio.*

37

O Estado moderno torna obsoletas as religiões porque faz com que elas assumam o mais atávico fantasma da metafísica, aquele do Um. A partir de então, a ordem do mundo, da qual ele mesmo se subtrai, deverá ser reestabelecida sem cessar, com toda a força. A polícia e a publicidade serão os meios fictícios que o Estado moderno colocará a serviço da sobrevivência artificial da ficção do Um. Sua realidade inteira se condensará nesses meios, por meio dos quais ele velará pela Ordem, mas, agora, por uma ordem exterior, *pública*. Todos os argumentos que ele irá fazer valer em seu favor também se reduzirão a este: "Fora de mim, a desordem." Mas fora dele não há a desordem, fora dele há *uma multiplicidade de ordens*.

38

O Estado moderno, que pretende pôr fim à guerra civil, é muito mais a continuação desta por outros meios.

GLOSA α: Seria mesmo preciso abrir o *Leviatã* para saber que "tendo a maioria, por seus sufrágios acordados, proclamado um soberano, quem quer que esteja em desacordo deve, então, se acordar com os outros, dito de outro modo, aceitar a ratificação das ações que poderá realizar o soberano, ou ainda, ser justamente destruído pelos outros. [...] E, seja ele do grupo ou não, quer seu acordo seja solicitado ou não, ele deve ou se submeter aos decretos do grupo ou permanecer no estado de guerra no qual se encontrava antes, estado no qual pode, sem injustiça, ser destruído por quem quer que seja"?[1] A sorte dos *comunardos*, dos prisioneiros da Ação Direta ou dos insurgentes de Junho de 1848 ensina amplamente sobre a origem do sangue com o qual se fazem as repúblicas. Aqui reside o caráter próprio e a pedra de toque do Estado moderno: ele só se mantém

---

1. Por conta do caráter interventivo e livre (as citações são livres, sem indicação de página ou edição) do texto, todas as citações serão traduzidas diretamente, sem o recurso às traduções para o português existentes. [N.T.]

por meio da prática daquilo que quer conjurar, pela atualização daquilo que reputa ausente. Sobre isso, os policiais sabem algo, isto é: que devem, contraditoriamente, *aplicar* um "estado de direito" que repousa apenas sobre eles mesmos. Era esse o destino do Estado moderno: nascer como o aparente vencedor da guerra civil para ser, na sequência, vencido por ela; finalmente, ser apenas um parêntese e um partido no curso paciente da guerra civil.

GLOSA ß: O Estado moderno, por todos os lugares onde estendeu seu reino, explorou os mesmos argumentos e as mesmas formulações. Estas são reunidas em seu mais alto grau de pureza e em seu encadeamento mais estrito nos escritos de Hobbes. É por isso que todos aqueles que quiseram afrontar o Estado moderno primeiro tiveram de afrontar esse teórico singular. Ainda hoje, no clímax do movimento de liquidação da ordem Estado-nacional, ressoam publicamente os ecos do "hobbesianismo". Desse modo, enquanto o governo francês, no difícil caso da "autonomia da Córsega", acaba por se alinhar ao modelo da descentralização imperial, seu ministro do Interior renuncia com esta conclusão sumária: "A França não tem necessidade de uma nova guerra religiosa."

39

O processo que, em escala molar, tem o aspecto do Estado moderno, em escala molecular, nomeia-se sujeito econômico.

GLOSA α: Nós nos interrogamos amplamente sobre a essência da economia e, de modo mais específico, sobre sua característica de "magia negra". A economia não se compreende como um regime da troca, e, portanto, da relação entre formas-de-vida, fora de uma apropriação ética: aquela da produção *de certo tipo* de formas-de-vida. A economia surge bem antes das instituições que, como se diz com frequência, assinalariam sua emergência – o mercado, a moeda, o empréstimo com usura, a divisão do trabalho; ela surge como *possessão*, ou, mais precisamente, como possessão *por uma economia psíquica*. É nesse sentido que existe uma verdadeira magia negra, e é apenas nesse nível que a economia é real, concreta. Apenas aí sua conexão com o Estado é empiricamente constatável. O crescimento por impulsos do Estado é o que, de modo progressivo, criou a economia no homem, que criou o "Homem" enquanto criatura econômica. A cada aperfeiçoamento do Estado, também se aperfeiçoa a economia em cada um de seus sujeitos, e vice-versa.

Seria fácil mostrar como, ao longo do século XVII, o Estado moderno nascente impôs a economia monetária, e tudo o que a ela se liga, para poder retirar desta o necessário para nutrir seus aparatos e suas incessantes campanhas militares. Aliás, isso já foi feito. Mas esse ponto de vista apreende apenas superficialmente o nó que liga o Estado e a economia.

Entre outras coisas, o Estado moderno designa um processo de monopolização crescente da violência legítima, um processo, portanto, de deslegitimação de toda violência que não seja a sua. O Estado moderno serviu ao movimento geral de uma pacificação que só se sustenta, desde o fim da Idade Média, por meio de sua acentuação contínua. Não se trata apenas do fato de que, no curso dessa evolução, ele entrava de maneira cada vez mais drástica no livre jogo das formas-de-vida, mas é que ele trabalha assiduamente para destruí-las, para despedaçá-las, para extrair delas a vida nua, extração que é o próprio movimento da "civilização". Cada corpo, para se tornar sujeito político no seio do Estado moderno, deve passar pela transformação que o constituirá como tal: ele deve começar por deixar de lado suas paixões (inapresentáveis), seus gostos (ridículos), suas inclinações (contingentes), e, em vez disso, deve se dotar *de interesses*, estes que não só são mais apresentáveis, como também mais *representáveis*.

Assim, portanto, cada corpo, para se tornar sujeito *político*, deve proceder à sua autocastração como sujeito *econômico*. De modo ideal, o sujeito político será, então, reduzido a uma pura *voz*.

A função essencial da representação que uma sociedade faz de si mesma é influenciar no modo como cada corpo representa a si mesmo e, com isso, na estrutura psíquica. Assim, o Estado moderno é, sobretudo, a constituição de *cada corpo* em Estado molecular, dotado, à guisa de integridade territorial, de uma integridade corporal; perfilado como entidade fechada em um Eu oposto ao "mundo exterior", assim como à sociedade tumultuosa de suas inclinações, que ele trata de conter; e, enfim, levado a se relacionar com seus semelhantes enquanto bom sujeito de direito e a tratar com os outros corpos segundo as cláusulas universais de uma espécie de direito internacional privado dos costumes "civilizados". Desse modo, quanto mais as sociedades se constituem em Estados, mais os seus sujeitos incorporam a economia. Eles vigiam a si mesmos e uns aos outros; controlam suas emoções, seus movimentos, suas inclinações, e creem poder exigir dos outros a mesma reserva. Eles garantem nunca se abandonar ao que lhes possa ser fatal, e se reservam um pequeno canto escuro onde poderão tranquilamente "relaxar". Aí abrigados, trancados no interior de suas fronteiras, calculam, preveem, fazem-se intermediários entre o passado e o futuro, e vinculam sua sorte ao encadeamento provável entre ambos. É isso: eles se acorrentam, eles próprios e uns aos outros, contra todo transbordamento. Pretensa maestria de si, contenção, autorregulação das paixões, extração de uma esfera da vergonha e do medo – a vida nua –, conjuração de toda forma-de-vida, depois de todo jogo elaborado entre eles.

Desse modo, a ameaça triste e densa do Estado moderno produz primitivamente, *existencialmente*, a economia, ao longo de um processo que é possível fazer remontar ao século XII, à construção das primeiras cortes territoriais. Como muito bem notou Norbert Elias, a curialização dos guerreiros oferece o exemplo arquetípico dessa *incorporação da economia*, cujos marcos vão desde os códigos de comportamento das cortes do século XII até a etiqueta da corte de Versalhes (primeira realização de envergadura de uma sociedade perfeitamente espetacular, na qual todas as relações são mediadas por imagens), passando pelos manuais de *civilidade*, de *prudência* e de *saber viver*. A violência e também todas as formas de abandono que fundavam a existência do cavaleiro medieval são lentamente domesticadas, excluídas de qualquer lógica, e, por fim, reduzidas à zombaria, ao "ridículo", à vergonha de ter medo e ao medo de ter vergonha. É pela difusão desse autoconstrangimento, desse *terror do abandono*, que o Estado conseguiu criar o sujeito econômico, conter cada um em seu Eu, isto é, *em seu corpo*, e *retirar de cada forma-de-vida a vida nua*.

GLOSA ß: "Em certo sentido, o campo de batalha foi transportado para o interior do homem. É aí que é preciso lutar com uma parte das tensões e paixões que se exteriorizariam antigamente no corpo a corpo no qual os homens se enfrentavam diretamente. [...] As pulsões, as emoções apaixonantes que não se manifestam mais na luta entre os homens levantam-se com frequência no interior do indivíduo contra a parte 'vigiada' de seu Eu. Essa luta meio automática do homem contra ele mesmo nem sempre conhece um resultado feliz" (Norbert Elias, *A dinâmica do Ocidente*).

Assim como se testemunhou ao longo dos "Tempos Modernos", *o indivíduo* produzido por esse processo de incorporação da economia carrega em si uma *fratura*. É por essa fratura que exsuda sua vida nua. Seus próprios gestos são fissurados, quebrados no interior. Nenhum abandono e nenhuma assunção podem ocorrer aí onde se desencadeia o processo estatal de pacificação, a guerra *de aniquilação* dirigida contra a guerra civil. No lugar das formas-de-vida, aqui encontramos, de maneira quase paródica, *subjetividades*, uma superprodução ramificada, uma arborescente proliferação de *subjetividades*. Nesse ponto, converge a dupla aflição da economia e do Estado: a guerra civil se refugiou em todos, o Estado moderno colocou todos em guerra contra si mesmos. É daí que nós partimos.

40

O gesto fundador do Estado moderno – isto é, não o primeiro, mas aquele que incessantemente ele reitera – é a instituição dessa cisão fictícia entre público e privado, entre política e moral. É por isso que acaba por fraturar os corpos, que despedaça as formas-de--vida. Esse movimento de cisão entre liberdade interior e submissão exterior, entre interioridade moral e conduta política, corresponde à instituição *como tal* da vida nua.

GLOSA: Os termos da transação hobbesiana entre o sujeito e o soberano são conhecidos pela experiência: "troco minha liberdade por tua proteção. Como compensação por minha obediência exterior absoluta, tu deves me garantir a segurança." A segurança, que é, então, colocada como a proteção do perigo de morte que "os outros" fazem pesar sobre mim, assume ao longo do *Leviatã* uma outra extensão. Lê-se, no capítulo XXX: "Notem aqui que não entendo por segurança apenas a preservação, mas também todas as outras satisfações dessa vida que todos poderão adquirir por seu engenho legítimo, sem perigo nem mal para a República."

41

A operação estatal de neutralização, se a considerarmos desde uma ponta à outra da fratura, institui dois monopólios quiméricos, distintos e solidários: o monopólio do político e o monopólio da crítica.

GLOSA α: De um lado, é certo, o Estado pretende arrogar-se o *monopólio do político*, do qual o famoso "monopólio da violência legítima" é apenas o traço mais grosseiramente constatável. Pois a monopolização do político exige também degradar a unidade diferenciada de um mundo em uma *nação*, e essa nação em uma *população* e em um *território*; exige desintegrar toda a organicidade da sociedade tradicional para submeter os fragmentos restantes a um princípio de *organização*; e, finalmente, depois de ter reduzido a sociedade a uma "pura massa indistinta, a uma multidão decomposta em seus átomos" (Hegel), apresentar-se como o artista que vai dar forma à sua matéria bruta, e isso segundo o princípio legível da Lei.

De outro lado, a cisão entre privado e público dá à luz a essa segunda irrealidade, que vem em conjunto com a irrealidade do Estado: *a crítica*. Foi Kant, naturalmente, quem formulou o mote da crítica em *O que é o iluminismo?* Curiosamente, é também uma frase de Frederico II:

"Reflitam o quanto quiserem e sobre tudo o que desejarem; mas obedeçam!" A crítica abre aqui, de modo simétrico ao espaço político, "moralmente neutro", da razão de Estado, o espaço moral, "politicamente neutro", do livre uso da Razão. É o que se entende por publicidade, primeiro identificada à "República das Letras", mas rapidamente transformada em arma estatal contra todo tecido ético rival – sejam as inextricáveis solidariedades da sociedade tradicional, a Corte dos Milagres ou o uso popular da rua. À abstração de uma esfera estatal da política autônoma, responderá doravante essa outra abstração: a esfera crítica do discurso autônomo. E, assim como o silêncio devia abarcar os gestos da razão de Estado, a proscrição do gesto deverá abarcar as tagarelices, as elucubrações da razão crítica. A crítica se quer tanto mais radical e pura quanto mais é estranha a toda positividade à qual poderia ligar suas fabulações. Ela então recebe, em troca de sua renúncia a toda pretensão imediatamente política – isto é, de disputar com o Estado seu monopólio, portanto –, o *monopólio da moral*. Ela poderá *protestar* incessantemente, desde que jamais pretenda existir de outro modo. Gestos sem discursos de um lado, discursos sem gesto do outro, o Estado e a crítica garantem, por suas instâncias próprias, a polícia e a publicidade, a neutralização de todas as diferenças éticas. É assim que se conjurou, com o jogo das formas-de-vida, a própria política.

GLOSA ß: Depois disso, não será muita surpresa que a crítica tenha produzido suas obras-primas justamente onde os "cidadãos" haviam sido perfeitamente espoliados de todo acesso à "esfera política", de fato, a toda prática; onde toda existência coletiva havia sido subjugada pelo Estado, quero dizer: sob os absolutismos franceses e alemães do século XVIII. Dificilmente ficaríamos surpresos que o país do Estado fosse também o país da Crítica; que a França (uma vez que se trata dela), em todos os seus aspectos e mesmo de modo muitas vezes confessional, fosse tão ferozmente setecentista. Assumindo a contingência do teatro de nossas operações, não nos desagrada evocar aqui a constância de um caráter nacional, o qual já se exauriu em todos os outros lugares. Mais do que mostrar como, geração após geração, depois de dois séculos, o Estado fez os críticos e os críticos fizeram, por sua vez, o Estado, acho mais instrutivo reproduzir as descrições da França pré-revolucionária feitas durante o século XIX, isto é, a pouca distância dos acontecimentos, por um espírito ao mesmo tempo muito sábio e muito odioso: "A administração do Antigo Regime já havia retirado dos franceses a possibilidade e o desejo de se ajudarem mutuamente. Quando a Revolução aconteceu, seria em vão procurar em grande parte da França dez homens que tivessem o hábito de agir regularmente em comum e que velassem por sua própria defesa; o poder central devia tomar conta disso." "A França [era] um dos países da Europa onde toda vida política estava, desde muito tempo e por completo, extinta; onde os particulares tinham perdido quase toda habilidade de negociação, a habilidade de ler os fatos, a experiência dos movimentos populares e quase toda a noção de povo." "Como não existiam mais instituições livres, e, via de consequência, classes políticas, corpos políticos vivos, partidos organizados e conduzidos, e, na ausência de todas essas forças regulares, a direção da opinião pública, quando a opinião pública havia renascido, estava apenas nas mãos dos filósofos, cabia esperar ver a Revolução conduzida menos em vista de certos fatos particulares do que segundo princípios abstratos e teorias muito genéricas." "A própria condição desses escritores os preparava para apreciar as teorias genéricas e abstratas em matéria de governo e para nelas confiar cegamente. No afastamento quase infinito em que viviam na prática, nenhuma experiência vinha temperar os ardores de sua natureza." "No entanto, havíamos conservado uma liberdade na ruína de todas as outras: podíamos filosofar quase sem constrangimento sobre a origem das sociedades, sobre a natureza essencial dos governos e sobre os direitos primordiais do gênero humano." "Todos aqueles atacados pela prática diária da legislação então se deixaram envolver por essa política literária." "Cada paixão pública se mascarava assim de filosofia." E, finalmente, no fim da Revolução: "Vocês vão ver um poder central imenso que atacou e devorou em sua unidade todas as parcelas de autoridade e de influência que antes estavam dispersas em uma massa de poderes secundários, de ordens, de classes, de profissões, de famílias e de indivíduos, como que espalhados por todo o corpo social" (Alexis de Tocqueville, *O Antigo Regime e a Revolução*, 1856).

42

Que algumas teses, como a da "guerra de todos contra todos", encontrem-se elevadas ao estatuto de máximas de governo, é porque autorizam certas operações. Desse modo, perguntamos, neste caso específico: como a "guerra de todos contra todos" pôde se desencadear antes que todos fossem produzidos *como todos?* E, então, se vê como o Estado moderno pressupõe o estado de coisas que ele produz: como ele fixa na *antropologia* o arbitrário de suas próprias exigências; como a "guerra de todos contra todos" é muito mais a necessidade *ética da guerra civil* que o Estado moderno impôs por todos os lados sob o nome de economia; e que só há o reino universal da hostilidade.

GLOSA α: Hobbes tinha o costume de tirar sarro das circunstâncias de seu nascimento, que aconteceu depois que sua mãe tomou um susto: "o medo e eu, dizia, somos como dois gêmeos." Para mim, faz mais sentido atribuir a antropologia hobbesiana a uma excessiva leitura do imbecil do Tucídides do que a seu mapa astral. Leiamos, então, sob essa luz mais justa, as lengalengas de nosso covarde: "Para se ter uma clara ideia dos elementos do direito natural e da política, é importante conhecer a natureza do homem."

"A vida humana pode ser comparada a uma corrida. [...] Mas nós devemos supor que, nessa corrida, não se tem outro objetivo e outra recompensa senão ultrapassar os concorrentes" (*Da natureza humana*, 1640).

"Mostra-se claramente, por meio disso, que durante o tempo em que vivem sem um poder comum que intimida a todos, os homens se encontram nessa condição que se denomina guerra, e essa guerra é de todos contra todos. Pois a GUERRA não consiste apenas nas batalhas e nos combates efetivos; mas em um tempo em que a vontade de se confrontar em batalhas é suficientemente comprovada." "Além disso, os homens não têm prazer, mas, ao contrário, uma grande tristeza na vida em companhia, aí onde não existe poder capaz de intimidar a todos" (*Leviatã*).

GLOSA ß: É a antropologia do Estado moderno que Hobbes nos apresenta aqui, antropologia positiva, ainda que pessimista; política, ainda que econômica; aquela do cidadão atomizado que, "ao ir dormir, tranca suas portas" e, "em sua própria casa, tranca os cofres a chave" (*Leviatã*). Outros já mostraram como o Estado encontrou isso em seu interesse *político* de reverter em alguns decênios, no fim do século XVII, toda a ética tradicional, interesse em elevar a *avareza*, a paixão econômica, do estatuto de vício privado ao de virtude social (Cf. Albert O. Hirschmann).

E, assim como essa ética, a ética da equivalência, é a mais nula que os homens já partilharam, as formas-de-vida que lhe correspondem, o empreendedor e o consumidor, são marcadas por uma nulidade a cada século mais pronunciada.

43

Rousseau pensou poder opor a Hobbes "que o estado de guerra nasce do estado social". Ao fazer isso, ele opunha o mau selvagem do inglês ao seu Bom Selvagem, a uma antropologia, outra antropologia, otimista desta vez. Mas o erro, aqui, não está no pessimismo, mas na antropologia e, além disso, em querer fundar sobre ela uma ordem social.

GLOSA α: Hobbes não forma sua antropologia sobre a simples observação dos problemas de seu tempo, das Frondas, da revolução na Inglaterra, do Estado absolutista nascente na França e da diferença entre estes últimos. Após dois séculos, circulam então narrativas de viagem e testemunhos dos exploradores do Novo Mundo. Pouco inclinado a assumir como fato originário "um estado de natureza, ou melhor, de liberdade absoluta, como o dos homens que não são nem soberanos nem sujeitos, isto é, um estado de anarquia e de guerra", Hobbes remete a guerra civil que ele constata nas nações "civilizadas" a uma *recaída* no estado de natureza que, de todos os modos, é preciso conjurar. Estado de natureza no qual os selvagens da América, mencionados com horror tanto no *De cive* quanto no *Leviatã*, oferecem um exemplo repugnante:

eles que, "exceto o governo das pequenas famílias, cuja concórdia depende da concupiscência natural, não têm nenhum governo e vivem nestes dias de modo quase animal" (*Leviatã*).

GLOSA ß: Quando se experimenta o pensamento vivo, o espaço entre uma questão e sua resposta pode se contar em séculos. Foi um antropólogo que, alguns meses antes de se suicidar, respondeu a Hobbes. À época, tendo atravessado o leito dos "Tempos Modernos", estava então na outra margem, já engajada de forma pesada no Império. O texto aparece em 1977, no primeiro número de *Libre*, sob o título "Arqueologia da violência". Já SE tentou compreendê-lo, assim como sua sequência, "Infortúnio do guerreiro selvagem", independentemente do confronto que, no mesmo decênio, opôs a guerrilha urbana às velhas estruturas do Estado burguês dilapidado, independentemente da Red Army Faction, das Brigadas Vermelhas e da Autonomia difusa. E, no entanto, mesmo com essa reserva covarde, os textos de Pierre Clastres ainda criam um embaraço:

"O que é a sociedade primitiva? É uma multiplicidade de comunidades indivisas que obedecem todas a uma mesma lógica centrífuga. Que instituição exprime e garante ao mesmo tempo a permanência dessa lógica? É a guerra, como verdade das relações entre as comunidades, como principal meio sociológico de promover a força centrífuga de dispersão contra a força centrípeta de unificação. A máquina de guerra é o motor da máquina social, o ser social primitivo baseia-se inteiramente sobre a guerra, a sociedade primitiva não pode subsistir sem a guerra. Quanto mais houver guerra, menos haverá unificação, e o melhor inimigo do Estado é a guerra. A sociedade primitiva é sociedade contra o Estado na medida em que é sociedade-para-a-guerra. Eis-nos aqui mais uma vez diante do pensamento de Hobbes. [...] Ele soube ver que a guerra e o Estado são termos contraditórios, que não podem existir juntos, um implica a negação do outro: a guerra impede o Estado, o Estado impede a guerra. O erro enorme, porém quase fatal num homem de seu tempo, foi ter acreditado que a sociedade que persiste na guerra de todos contra todos não é justamente uma sociedade; que o mundo dos selvagens não é um mundo social; que, portanto, a instituição da sociedade passa pelo fim da guerra, pelo aparecimento do Estado, máquina antiguerreira por excelência. Incapaz de pensar o mundo primitivo como um mundo não natural, Hobbes foi, no entanto, o primeiro a ver que não se pode pensar a guerra sem o Estado, que os dois devem ser pensados numa relação de exclusão."

44

A irredutibilidade da guerra civil à ofensiva jurídico-
-formal do Estado não reside marginalmente no fato
de que sempre reste uma plebe a ser pacificada, mas,
de modo central, nos próprios meios para essa pacificação. As organizações que tomam o Estado como
modelo conhecem, sob o nome de "informal", aquilo
que nelas depende justamente do jogo das formas-
-de-vida. No Estado moderno, essa irredutibilidade
se manifesta pela extensão infinita da polícia, isto
é, de tudo aquilo que tem a tarefa inconfessável de
realizar as condições de possibilidade de uma ordem
estatal tanto mais vasta quanto impraticável.

GLOSA α: Depois da criação, por Luís XIV, do comissa-
riado de polícia de Paris, a prática da instituição policial não cessou de testemunhar a maneira como o
Estado moderno progressivamente *criou sua sociedade*.
A polícia é essa força que intervém "aí onde as coisas não
estão funcionando", isto é, aí onde um antagonismo entre
formas-de-vida e um salto de intensidade *política* acontecem. Sob o pretexto de preservar com sua mão policial
um "tecido social" que destrói outro, o Estado se apresenta,
então, como mediação existencialmente neutra entre as

partes e se impõe, pela própria desmedida de seus meios de coerção, como o terreno pacificado do confronto. Foi assim, de acordo com um cenário invariável, que a polícia *produziu* o espaço público como espaço esquadrinhado por ela; e foi assim que a linguagem do Estado se estendeu à quase totalidade da atividade social e tornou-se a *linguagem social* por excelência.

GLOSA ß: "A vigilância e a previdência da polícia têm como objetivo fazer uma mediação entre o indivíduo e a possibilidade universal que é dada para alcançar os fins individuais. Ela deve se ocupar da iluminação pública, da construção de pontes, da taxação das necessidades cotidianas e também da saúde. Ora, aqui dois pontos de vista principais prevalecem. Um, que pretende que a vigilância sobre todas as coisas deva ser da polícia; o outro, que diz que sobre esse assunto a polícia não tem nada a determinar, uma vez que todos se guiam em função da necessidade do outro. Por certo, é necessário que o indivíduo singular tenha o direito de ganhar seu pão de tal ou qual maneira, mas, por outro lado, o público tem também o direito de exigir que aquilo que é estritamente necessário seja fornecido conforme a conveniência" (Hegel, *Princípios de filosofia do direito*, aditivo ao parágrafo 236, 1833).

45

A cada instante de sua existência, a polícia relembra
ao Estado a violência, a trivialidade e a obscuridade
de sua origem.

46

O Estado moderno falha de três modos: de início, como Estado absolutista; na sequência, como Estado liberal; e, então, como Estado de bem-estar. A passagem de um a outro só se compreende em ligação com três formas sucessivas, e correspondentes ponto por ponto, da guerra civil: a guerra religiosa, a luta de classes, o Partido Imaginário. É preciso notar que o fracasso em questão por nada reside no resultado, mas é o próprio processo, em toda sua duração.

GLOSA α: Passado o primeiro momento de pacificação violenta, instaurado o regime absolutista, a figura do soberano encarnado permanecia como o símbolo inútil de uma guerra acabada. No lugar de favorecer a pacificação, o soberano, ao contrário, provocava o confronto, o desafio, a revolta. A assunção de sua forma-de-vida singular – "Esse é meu prazer" – causava, evidentemente, a repressão de todas as outras. O Estado liberal corresponde à ultrapassagem dessa aporia, a aporia da soberania pessoal, mas à ultrapassagem desta apenas *em seu próprio terreno*. O Estado liberal é o Estado frugal, que pretende não existir senão para assegurar o livre jogo das liberdades individuais e, para esse fim, começa por extorquir de cada corpo os interesses para, na sequência, anexá-los a estes corpos e reinar pacificamente neste novo mundo abstrato: "a república fenomenal dos interesses" (Foucault). Ele diz não existir apenas para manter as coisas em boa ordem, o bom funcionamento da "sociedade civil", que ele próprio criou em sua totalidade. Curiosamente, constatamos que o momento de glória do Estado liberal, que se estende de 1815 a 1914, correspondeu à multiplicação dos dispositivos de controle, à vigilância contínua e disciplinarização geral da população, à submissão pronta e acabada da sociedade à polícia e à publicidade. "Essas famosas grandes técnicas disciplinares que se encarregam do comportamento dos indivíduos no dia a dia e até em seus mínimos detalhes são exatamente contemporâneas em seu desenvolvimento, em sua explosão, em sua disseminação através da sociedade, contemporâneas exatamente à era das liberdades" (Foucault). É que a segurança é a condição primeira da "liberdade individual", esta que não é nada porque deve parar aí onde começa aquela do outro. O Estado que "quer governar apenas o suficiente para que possa governar o menos possível" deve, de fato, saber de tudo e desenvolver um conjunto de práticas e de tecnologias para isso. A polícia e a publicidade são as duas instâncias por meio das quais o Estado liberal tornou transparente a opacidade fundamental da população.

Vemos aqui de que insidiosa maneira o Estado liberal impulsionará à sua perfeição o Estado moderno, sob o pretexto de que ele deve poder estar em todos os lugares para não ter necessidade de efetivamente estar em todos os lugares, de que é preciso que ele *saiba* de tudo para poder deixar livres seus sujeitos. O princípio do Estado liberal poderia se formular da seguinte maneira: "Para que o Estado liberal não esteja em todos os lugares, é preciso que o controle e a disciplina estejam." "E é apenas a partir do momento que o governo, limitado então à sua função de vigilância, vê que algo não acontece de acordo com a mecânica geral dos comportamentos, das trocas, da vida econômica etc., que será preciso intervir. [...] O Panóptico é a própria fórmula de um governo liberal" (Foucault, *O nascimento da biopolítica*). A "sociedade civil" é o nome que o Estado liberal dará a seguir àquilo que será, ao mesmo tempo, seu produto e seu fora. Não surpreende, portanto que um estudo sobre os "valores" dos franceses conclua, sem jamais ter a impressão de enunciar um paradoxo, que, em 1999, "os franceses estão cada vez mais ligados à liberdade privada e à ordem pública" (*Le Monde*, 16 de novembro de 2000). De maneira manifesta, entre os estúpidos que aceitam responder a uma pesquisa, que creem ainda na *representação*, há uma maioria de amantes infelizes, castrados pelo Estado liberal. Em suma, a "sociedade civil francesa" é apenas o *bom funcionamento* do conjunto das disciplinas e regimes de subjetivação *autorizados* pelo Estado moderno.

GLOSA ß: Imperialismo e totalitarismo marcam os dois modos por meio dos quais o Estado moderno tentou saltar para além de sua própria impossibilidade, primeiro pela expansão para além de suas fronteiras na expansão colonial e, na sequência, pelo aprofundamento intensivo de sua penetração no interior de suas próprias fronteiras. Em todos os casos, essas reações desesperadas do Estado – que pretendia cada vez mais ser *tudo* o que mensurava à medida que cada vez mais era *nada* – vieram à tona nas formas de guerra civil que ele sustentava que *o haviam precedido*.

47

A estatização do social fatalmente devia se pagar com uma socialização do Estado, e, portanto, levar à dissolução de um no outro, do Estado e da sociedade. A GENTE denomina "Estado de bem-estar" essa indistinção na qual se sobreviveu por um tempo, no seio do Império, à forma-Estado obsoleta. No atual desmantelamento deste, exprime-se a incompatibilidade da ordem estatal e de seus meios, a polícia e a publicidade. Desse modo, também não há mais sociedade, no sentido de uma unidade diferenciada, isto é, não há mais que um enredamento das normas e dispositivos por meio dos quais se juntam os trapos esparsos do tecido biopolítico mundial; por meio dos quais se previne toda desintegração violenta desse tecido. O Império é o gestionário dessa desolação, o regulador último de um processo de implosão apático.

GLOSA α: Há uma história oficial do Estado na qual este aparece como o único protagonista, na qual o progresso do monopólio estatal do político são batalhas contra um inimigo invisível, imaginário, precisamente, *sem história*. E também há uma contra-história, feita desde o ponto de vista da guerra civil, na qual a aposta de todos esses "progressos" e a *dinâmica* do Estado moderno se deixam entrever. Essa contra-história mostra um monopólio do político constantemente ameaçado pela reconstituição de mundos autônomos e coletividades não estatais. Tudo o que o Estado abandonou à esfera "privada", à "sociedade civil", e que ele decretou insignificante, não político, deixa sempre muito espaço ao livre jogo das formas-de-vida para que o monopólio do político, de um momento a outro, pareça estar em disputa. É assim que o Estado é levado a abranger, de forma lenta ou por um gesto violento, a totalidade da atividade social, e a tomar conta da totalidade da existência dos homens. Então, "o conceito de Estado a serviço do indivíduo de boa saúde é substituído pelo conceito de boa saúde a serviço do Estado" (Foucault). Na França, essa inversão já acontece quando é votada a lei de 9 de abril de 1898 concernente "à responsabilidade dos acidentes cujas vítimas são os trabalhadores em seu trabalho" e, depois, a lei de 5 de abril de 1910 sobre as aposentadorias dos operários e lavradores, que consagra *o direito à vida*. Tomando assim, ao longo dos séculos, o lugar de todas as mediações heterogêneas da sociedade tradicional, o Estado acabou por obter o resultado inverso daquele que procurava e, finalmente, sucumbir à sua própria impossibilidade. Ele, que queria concentrar o monopólio do político, havia politizado tudo; todos os aspectos da vida haviam se tornado políticos, não em si mesmos, enquanto conteúdos singulares, mas precisamente enquanto o Estado, tomando posição frente a esses aspectos, nestes também se constituía como *partido*. Ou melhor, como o Estado, ao levar para todos os lugares sua guerra contra a guerra civil, propagou sobretudo a hostilidade contra si mesmo.

GLOSA ß: O Estado de bem-estar, que primeiro adentrou o Estado liberal no seio do Império, é o produto da difusão massiva das disciplinas e regimes de subjetivação próprios ao Estado liberal. Ele surge no momento em que a concentração dessas disciplinas e desses regimes – por exemplo, com a generalização das práticas de securitização – chega a um grau tal na "sociedade" que esta não consegue mais se distinguir do Estado. Os homens foram socializados a tal ponto que a existência de um poder separado e pessoal do Estado se torna um obstáculo à pacificação. Os Bloom não são nem sujeitos econômicos e menos ainda sujeitos de direito: eles são criaturas da sociedade imperial; é por isso que devem primeiro ser encarados *enquanto seres viventes* para, na sequência, poderem continuar a existir de modo fictício *enquanto sujeitos de direito*.

O IMPÉRIO, O CIDADÃO

"Assim o Santo é colocado acima do povo
e o povo não sente seu peso;
ele dirige o povo e o povo não se sente
em sua mão. Assim, todo o império ama servi-lo
e nunca se cansa disso. Como ele não coloca em disputa
seu primado, não há ninguém no império
que possa com ele disputá-lo."

LAO-TSÉ,
Tao Te Ching

48

A história do Estado moderno é a história de sua luta contra sua própria impossibilidade, isto é, de sua superação pelo conjunto dos meios desenvolvidos por ele mesmo para conjurar essa impossibilidade. O Império é a *assunção dessa impossibilidade*, e, por isso, desses meios. Diremos, para sermos mais exatos, que o Império é a *reversão* do Estado *liberal*.

GLOSA α: Há, portanto, a história oficial do Estado moderno, a grande narrativa jurídico-formal da soberania: centralização, unificação, racionalização. E há sua contra-história, que é a história de sua impossibilidade. Caso se queira uma genealogia do Império, é neste lado que esta deverá ser buscada: na massa crescente das práticas que é preciso endossar, dos dispositivos que devem ser ativados para que a ficção permaneça. É preciso dizer que o Império não começa historicamente onde termina o Estado moderno. O Império é, antes, aquilo que, a partir de certo ponto (coloquemos 1914), permite a manutenção do Estado moderno *como pura aparência*, como forma sem vida. A descontinuidade, aqui, não está na sucessão de uma ordem à outra, mas atravessa o tempo como dois planos de consistência paralelos e heterogêneos, como essas duas histórias sobre as quais eu falava há pouco e que são, também elas, paralelas e heterogêneas.

GLOSA ß: Por *recolhimento*[1] compreendemos aqui a última possibilidade de um sistema esgotado, a qual consiste em recolher-se para, na sequência, mecanicamente, se afundar em si mesmo. O Fora se torna Dentro e o Dentro agora não tem limites. O que antes estava *presente* em certo lugar delimitável torna-se *possível por toda parte*. O que é recolhido não existe mais positivamente, de maneira concentrada, mas permanece em estado suspenso, a perder de vista. É a trapaça final do sistema e também o momento em que ele está ao mesmo tempo em seu ponto mais vulnerável e mais inatacável. A operação por meio da qual o Estado liberal se recolhe de modo imperial pode ser assim descrita: o Estado liberal tinha desenvolvido duas instâncias infrainstitucionais por meio das quais intimidava e controlava a população: de um lado, a polícia, entendida no sentido original do termo – "A polícia zela por tudo

1. O termo francês utilizado é *retroussement,* que, em sua definição, seria o ato ou efeito de arregaçar ou recolher a extremidade de uma vestimenta para cima e para fora de modo a liberar certa parte do corpo. Optamos por *recolhimento* e, na sequência, pelas variantes verbais de *recolher,* uma vez que *trousser* tem o sentido de reunir, embalar, dobrar em uma peça de roupa. [N.T.]

aquilo que toca a felicidade dos homens [...] a polícia zela pelo vivente" (N. De La Mare, *Tratado da polícia*, 1705) –, e, do outro, a publicidade, como esfera daquilo que é igualmente acessível a todos, independentemente de sua forma-de-vida. Cada uma dessas instâncias só designava um conjunto de práticas e de dispositivos sem continuidade real senão seu efeito convergente sobre a população, a primeira exercendo-se sobre seu "corpo", a segunda sobre sua "alma". Bastava controlar a definição social da felicidade e manter a ordem na publicidade para se assegurar um poder sem partilha. Nisso o Estado liberal podia permitir-se ser efetivamente frugal. Ao longo dos séculos XVIII e XIX, desenvolvem-se a polícia e a publicidade, ao mesmo tempo a serviço e fora das instituições Estado-nacionais. Mas é apenas com a Primeira Guerra Mundial que elas se tornam o pivô do recolhimento do Estado liberal em Império. Assistimos, então, a essa coisa curiosa: ligando-se uma à outra em favor da guerra, e de maneira muito independente dos Estados nacionais, essas práticas infrainstitucionais dão à luz aos dois polos suprainstitucionais do Império: a polícia se torna o Biopoder e a publicidade transmuta-se em Espetáculo. A partir desse ponto, o Estado não desaparece, mas se torna apenas *secundário* em relação ao conjunto transterritorial de práticas autônomas: as do Espetáculo e as do Biopoder.

GLOSA γ: 1914 é a data do naufrágio da hipótese liberal, à qual havia correspondido a "Paz dos Cem Anos", resultado do Congresso de Viena. E quando em 1917, com o golpe de Estado bolchevique, cada nação se encontra partida em duas por causa da luta mundial de classes, vive-se, então, toda a ilusão de uma ordem internacional. Na guerra civil mundial, os Estados perdem seu estatuto de neutralidade interior. Se uma ordem pode ainda ser vislumbrada, ela deverá ser *supranacional*.

GLOSA δ: Enquanto assunção da impossibilidade do Estado moderno, o Império é também a assunção da impossibilidade do imperialismo. A descolonização foi um momento importante do estabelecimento do Império, logicamente marcado pela proliferação de Estados fantoches. A descolonização significa: novas formas de poder, horizontais e infrainstitucionais, foram elaboradas e *funcionam melhor* do que as antigas.

49

A soberania do Estado moderno era fictícia e pessoal. A soberania imperial é pragmática e impessoal. À diferença do Estado moderno, o Império pode legitimamente proclamar-se democrático, desde que não venha a banir nem a privilegiar de *a priori* nenhuma forma-de-vida.

E, por boas razões, é ele que garante a atenuação simultânea de *todas* as formas-de-vida, bem como o livre jogo destas *nessa atenuação*.

GLOSA α: Sobre os escombros da sociedade medieval, o Estado moderno tentou recompor a unidade em torno do princípio da representação, isto é, do fato de que uma parte da sociedade podia *encarnar* a totalidade daquela. O termo "encarnar" não é usado aqui por falta de outro melhor. A doutrina do Estado moderno é *explicitamente* a secularização de uma das mais notáveis operações da teologia cristã: aquela cujo dogma é apresentado no símbolo de Niceia. Hobbes consagra-lhe um capítulo do apêndice do *Leviatā*. Sua teoria da soberania, que é uma teoria da soberania *pessoal*, apoia-se na doutrina que faz do Pai, do Filho e do Espírito Santo três *pessoas* de Deus "no sentido em que cada uma pode exercer seu papel, mas também o dos outros". Isso permite definir o Soberano como aquele que age em lugar dos que decidiram "designar um homem, ou uma assembleia, para assumir suas personalidades", e isso de tal modo que "todos se consagram e se reconhecem como o autor daquilo que foi feito e mandado fazer, quanto às coisas que concernem à paz e à segurança comuns, por aquele que assumiu suas personalidades" (*Leviatã*). Assim como ocorre na teologia iconófila de Niceia, na qual o Cristo ou o ícone não manifestam a presença de Deus, mas, pelo contrário, sua ausência essencial, seu afastamento sensível, sua irrepresentabilidade, também no Estado moderno o soberano pessoal assim o é porque dele a "sociedade civil" se retirou *ficticiamente*. O Estado moderno concebe-se como essa parte da sociedade que não faz parte da sociedade e que, justamente por isso, está à altura de representá-la.

GLOSA ß: As diferentes revoluções burguesas jamais atacaram o princípio da soberania pessoal, no sentido em que a assembleia, elegida direta ou indiretamente, não rompe em nada com a ideia de uma representação possível da totalidade social, isto é, da sociedade *como totalidade*. Dessa forma, a passagem do Estado absolutista para o Estado liberal apenas liquidava o Rei, que por sua vez havia liquidado a ordem medieval da qual era o resultado e o último vestígio vivo. Foi enquanto obstáculo ao processo que ele mesmo havia iniciado que o rei foi julgado, e sua morte foi o ponto final de uma frase que fora escrita por ele. Apenas o princípio *democrático*, promovido desde o interior pelo Estado moderno, devia conduzir o próprio Estado moderno à sua dissolução. A ideia democrática, que só professa a equivalência absoluta de todas as formas-de-vida, não é diferente da ideia imperial. E a democracia é imperial na medida em que a equivalência entre as formas-de-vida apenas pode ser estabelecida *negativamente*, pelo fato de impedir, por todos os meios, que as diferenças éticas alcancem o ponto de intensidade a partir do qual se tornam políticas. Pois assim se introduziriam linhas de rupturas, alianças e descontinuidades que arruinariam o espaço liso da sociedade democrática. É por isso que o Império e a democracia não são, positivamente, nada mais que o livre jogo das formas-de-vida atenuadas, atenuação como a que acontece nos vírus que são inoculados como vacina. Marx, em um de seus únicos textos sobre o Estado, a "Crítica da filosofia do direito de Hegel", defendia nestes termos a perspectiva imperial, a do "Estado material" por ele oposta ao "Estado político". "A república *política* é a democracia no interior da forma do Estado abstrato. É porque a forma do Estado abstrato da democracia é a República." "A *vida política* em seu sentido moderno é *a escolástica* da vida do povo. A *monar-quia* é a expressão acabada dessa alienação. A *república* é a negação dessa alienação no interior de sua própria esfera." "Todas as formas do Estado têm a democracia *por* verdade e, precisamente por isso, são não verdadeiras na medida em que não é a democracia." "Na verdadeira democracia *o Estado político desapareceria.*"

GLOSA γ: O Império só se compreende a partir do giro *biopolítico* do poder. Assim como o Biopoder, o Império não corresponde a uma edificação jurídica positiva, à instauração de uma nova ordem institucional. Antes, eles designam uma *redução*, a retração da antiga soberania substancial. O poder sempre circulou nos dispositivos materiais e linguísticos, cotidianos, familiares, microfísicos, sempre atravessou a vida e o corpo dos sujeitos. Mas o que é uma novidade real no Biopoder é que *ele não é nada mais que isso.* O Biopoder é o poder que não se coloca mais à "sociedade civil" como uma hipóstase soberana, como um Grande Sujeito Exterior, isto é, ele não pode mais ser *isolado* da sociedade. Biopoder quer dizer apenas isto: o poder adere à vida e a vida ao poder. Em face de sua forma clássica, assistimos aqui a uma mudança do estado radical do poder, à sua passagem do estado sólido ao estado gasoso, molecular. Para dizer numa fórmula: *o Biopoder é a SUBLIMAÇÃO do poder*. É impossível conceber o Império fora dessa compreensão de nossa época. O Império não é e não saberia ser um poder separado da sociedade; esta não o suportaria, assim como esmaga com sua indiferença os últimos estertores da política clássica. O Império é imanente à "sociedade", ele é "a sociedade" *enquanto esta é um poder*.

50

O Império só existe positivamente na crise, isto é, de maneira ainda negativa e reativa. Se estivermos incluídos no Império, é justamente pela impossibilidade de dele nos excluirmos completamente.

GLOSA α: O regime imperial de paninclusão funciona de forma invariável de acordo com a mesma dramaturgia: algo que, por uma razão qualquer, se manifesta como estranho ao Império ou, na tentativa de dele escapar, tenta acabar com ele. Esse estado de coisas define uma situação de *crise* diante da qual o Império responde com um *estado de urgência*. Somente então, no momento efêmero dessas operações reativas, pode-se dizer: "o Império existe".

GLOSA ß: Não é que a sociedade imperial tenha se tornado uma plenitude sem resto: o espaço deixado vazio pelo declínio da soberania pessoal permanece como tal, vazio frente à sociedade. Esse espaço, o lugar do Príncipe, agora é ocupado pelo Nada do *Princípio* imperial, que só se materializa e se concentra na ira contra aquilo que pretenderia manter-se fora. É por isso que o Império é sem governo e, no fundo, sem imperador, porque nele só há *atos de governo*, todos igualmente *negativos*. Aquilo que em nossa experiência histórica mais se aproxima dessa nova corte ainda é o Terror. Onde "a liberdade universal não pode produzir nem uma obra positiva nem uma operação positiva, não lhe resta senão a operação negativa; ela é apenas a *fúria* da destruição" (Hegel).

GLOSA γ: O Império funciona tanto melhor quanto mais a crise se espalha. A crise é o modo de existência *regular* do Império, como o acidente é o único momento em que se precipita a existência de uma sociedade de segurança. A temporalidade do Império é uma temporalidade da urgência e da catástrofe.

51

O Império não sobrevém ao final de um processo ascendente de civilização, como seu coroamento, mas ao termo de um processo involutivo de degradação, como aquilo que deve frear e, se possível, imobilizar esse processo. É por isso que o Império é *kat-echon*. "'Império' designa aqui o poder histórico que consegue *reter* a chegada do Anticristo e o fim do mundo atual" (Carl Schmitt, *O nomos da Terra*). O Império se apreende como o último baluarte contra a irrupção do caos, e age dentro dessa perspectiva mínima.

52

O Império apresenta em sua superfície o aspecto de uma lembrança paródica de toda história, agora congelada, "da civilização". Mas essa impressão não deixa de ter certa justiça intuitiva: o Império é *efetivamente* a última parada da civilização antes de seu término, o extremo de sua agonia na qual todas as imagens da vida que está acabando passam diante de seus olhos.

53

Com o *recolhimento* do Estado liberal em Império, A GENTE passou de um mundo partilhado pela Lei a um espaço polarizado por normas. O Partido Imaginário é a *outra face* desse recolhimento.

GLOSA α: O que significa Partido Imaginário? *Que o Fora passou para o dentro*. O recolhimento aconteceu sem rumores, sem violência, como numa noite. Exteriormente, nada mudou, ao menos nada de notável. A GENTE se impressiona com a súbita futilidade de tantas coisas familiares, e ao ver como as antigas distinções não mais operam e de repente se tornam tão onerosas.

Uma pequena neurose persistente quer que ainda SE tente distinguir o justo do injusto, o sadio do doente, o trabalho do lazer, o criminoso do inocente, ou o ordinário do monstruoso, mas é preciso se dar conta de uma evidência: essas antigas oposições perderam toda possibilidade de ser inteligíveis.

Todavia, essas oposições não foram de todo suprimidas, mas permanecem *sem consequências*. Pois a norma não aboliu a Lei, mas apenas a esvaziou e ordenou de acordo com suas finalidades, colocando-a a serviço de suas próprias práticas imanentes de cálculo e administração.

Ingressando no campo de força da norma, a Lei perde seus últimos vestígios de transcendência para funcionar apenas numa espécie de estado de exceção que se renova indefinidamente.

O estado de exceção é o regime *normal* da Lei.

Não há mais Fora visível em nenhum lugar – *a* pura Natureza, *a* Grande Loucura clássica, *o* Grande Crime clássico ou *o* Grande Proletariado *clássico* dos operários, com sua Pátria realmente existente da Justiça e da Liberdade, desapareceram, mas só desapareceram na realidade, pois primeiro perderam toda sua imaginária força de atração –, não há mais Fora em parte alguma justamente porque, hoje, há *fora* por toda parte, em cada ponto do tecido biopolítico. A loucura, o crime ou o proletariado de barriga vazia já não habitam um espaço delimitado e conhecido, não têm mais seu mundo fora do mundo, seu próprio gueto com ou sem muro; eles se tornaram, com a dissipação do social, uma modalidade reversível, uma latência violenta, uma possibilidade suspeita de *todo corpo*. E é essa suspeita que justifica a busca do processo de socialização da sociedade, o aperfeiçoamento de todos os microdispositivos de controle; mais do que os homens e as coisas, o Biopoder pretende reger diretamente as *possibilidades* e as *condições* de possibilidade.

Tudo o que se destacava no Fora, a ilegalidade, mas

também a miséria ou a morte, na medida em que SE consegue *administrá-los*, sofre uma *integração*, que os elimina positivamente e lhes permite entrar mais uma vez em circulação. É por isso que a morte não existe no seio do Biopoder: porque existe *apenas assassinato*, que circula. Por meio das estatísticas, uma rede inteira de causalidades agora captura todo vivente no conjunto dos mortos que reclama sua sobrevivência (excluídos, os pobres indonésios, acidentados de trabalho, etíopes de todas as idades, celebridades mortas em acidentes de carro etc.). Mas é também em um sentido *médico* que a morte se tornou assassinato, com a multiplicação desses "cadáveres com morte cerebral", desses "mortos-vivos" que teriam morrido há muito se não tivessem sido conservados artificialmente para servir como reserva de órgãos para algum transplante inepto, se eles não tivessem sido mantidos para *ser mortos*. A verdade é que não há mais margem identificável, *pois o caráter limiar se tornou a condição íntima de todo o existente.*

A Lei fixa divisões, estabelece distinções, delimita o que a ela se contrapõe e reconhece um mundo ordenado ao qual ela dá forma e duração; a Lei nomeia e não para de nomear, de enumerar, o que está fora da lei, isto é, ela *diz seu fora*. A exclusão, a exclusão do que a funda – a soberania, a violência – é seu gesto fundador. De modo oposto, a norma ignora até mesmo a ideia de uma fundação.

A norma não tem memória, ela se mantém em uma relação demasiado cerrada no presente, pretendendo ligar-se à imanência. Enquanto a Lei mostra a cara e respeita a soberania que está fora dela, a norma é acéfala e se alegra a cada vez que se corta a cabeça de algum soberano. A norma não tem *hiéros*, lugar próprio, mas age de forma invisível sobre a totalidade de um espaço esquadrinhado e sem limites que ela mesma distribui. Aqui, nada está excluído ou rejeitado numa exterioridade designável; o próprio estatuto do excluído é apenas uma modalidade da inclusão geral. Assim, há apenas um único campo, homogêneo, mas difratado em infinitas nuanças, um regime de integração sem limites que trabalha para conter as formas-de-vida em um jogo de baixa intensidade. Nesse espaço, uma inapreensível instância de totalização reina, dissolve, digere, absorve e desativa *a priori* toda alteridade. Um processo de imaniquilação[1] onívoro se desenvolve em escala planetária. O objetivo: *fazer do mundo um tecido biopolítico contínuo*. E, todo este tempo, a norma vigia.

No regime da norma, nada é normal, tudo deve ser *normalizado*. Aqui funciona um paradigma *positivo* do poder. A norma *produz* tudo o que é, enquanto ela mesma

---

1. Trata-se do neologismo *immanéantisation* que remete à noção de uma *aniquilação imanente*, a redução de todas as coisas a nada. [N.T.]

é, diz-se, o *ens realissimum*. O que não ingressa em seu modo de desvelamento não é, e o que não é não entra em seu modo de desvelamento. Aqui, a negatividade jamais é reconhecida como tal, mas como uma simples *falha* face à norma, um *furo* a ser suturado no tecido biopolítico mundial. A negatividade, essa potência cuja existência não é *prevista*, é entregue a um desaparecimento que não deixa rastro. Não sem razão, pois o Partido Imaginário é o Fora desse mundo sem Fora, a descontinuidade essencial instalada no coração de um mundo que se tornou contínuo.

O Partido Imaginário é a *sede* da potência.

GLOSA ß: Nada ilustra melhor a maneira pela qual a norma subsumiu a Lei do que o modo como os velhos Estados territoriais da Europa "aboliram" suas fronteiras em favor dos acordos de Schengen. Essa abolição das fronteiras, isto é, a renúncia ao atributo mais sagrado do Estado moderno, naturalmente não tem o sentido de seu desaparecimento efetivo, mas, ao contrário, significa a possibilidade permanente de sua restauração, a depender das circunstâncias. Desse modo, as práticas de aduana, quando as fronteiras são "abolidas", não desaparecem, mas são estendidas, em potência, a todos os lugares e para todos os momentos. Sob o Império, tanto as fronteiras quanto as aduanas se tornaram *móveis*.

54

O Império não tem e jamais terá existência jurídica, institucional, *pois ele não precisa disso*. O Império, diferentemente do Estado moderno, que queria para si uma ordem da Lei e da Instituição, é o *garantidor* de uma proliferação reticular de normas e de dispositivos. Em circunstâncias normais, esses dispositivos *são* o Império.

GLOSA α: Cada intervenção do Império deixa atrás de si normas e dispositivos graças aos quais o lugar onde havia acontecido a crise será *gerenciado* como espaço transparente de circulação. É assim que a sociedade imperial se anuncia: como uma imensa articulação de dispositivos que enerva com uma vida elétrica a inércia fundamental do tecido biopolítico. No esquadrinhado reticular da sociedade imperial que continuamente é ameaçado de avaria, de acidente e bloqueio, o Império é o que assegura a eliminação das resistências à circulação, que liquida os obstáculos para a penetração, para o atravessamento de tudo pelos fluxos sociais. E é também ele que assegura as transações, que garante, em uma palavra, a *supracondutividade* social. Eis por que o Império não tem centro: porque ele é o que faz com que cada nó de sua rede possa ser um. Além disso, é possível constatar ao longo da reunião mundial dos dispositivos locais condensações de forças, o desenvolvimento dessas *operações negativas* pelas quais progride a transparência imperial. O Espetáculo e o Biopoder asseguram tanto a normalização transitiva de todas as situações – seu colocar-se em equivalência – quanto a continuidade intensiva dos fluxos.

GLOSA ß: É certo que existem zonas de pressão, zonas nas quais o controle imperial é mais denso do que em outras, onde cada interstício do existente paga seu tributo ao panoptismo geral, e onde, finalmente, a população já não se distingue da polícia. De modo inverso, existem zonas onde o Império parece ausente e deixa claro que "aí não ousa nem mesmo se aventurar". É que o Império *calcula*, o Império pesa, avalia e, então, *decide* estar presente aqui ou acolá, decide manifestar-se ou retirar-se, e isso em função de considerações táticas. O Império não está por todos os lados, e não está ausente em nenhuma parte. Diferentemente do Estado moderno, o Império não pretende ser o que há de mais alto, o soberano sempre visível e sempre resplandecente, o Império só pretende ser *a última instância* de toda situação. Assim como um "parque natural" não tem nada de natural na medida em que as potências de artificialização julgaram preferível e *decidiram* deixá-lo "intacto", assim também o Império ainda está presente onde efetivamente está ausente: justamente por sua retirada. Portanto, o Império é tal como *pode* ser por todos os lados, mantendo-se em cada ponto do território, no intervalo entre a situação normal e a situação excepcional. *O Império pode sua própria impotência.*

GLOSA γ: A lógica do Estado moderno é a da Instituição e a da Lei. A Instituição e a Lei são desterritorializadas, por princípios abstratos, distinguindo-se assim do costume, sempre local, sempre embebido eticamente, sempre suscetível de contestação existencial, e do qual a Lei e a Instituição tomaram, em todos os lugares, seu posto. A Instituição e a Lei se erigem em face dos homens, verticalmente, extraindo sua permanência de sua própria transcendência, na autoproclamação inumana de si mesmas. A Instituição, como a Lei, estabelece divisões, nomeia para separar, para ordenar, para colocar fim ao caos do mundo, ou, antes, para empurrar o caos para um espaço delimitável, o do Crime, da Loucura, da Rebelião, daquilo que não está *autorizado*. E ambas estão unidas por não terem necessidade de dar explicação a ninguém, não importando do que se trate. "A Lei é a Lei", diz o senhor.

O Império ignora, mesmo que não desdenhe utilizar-se delas na forma de *armas*, a lógica abstrata da Lei e da

Instituição. O Império só conhece as *normas* e os *dispositivos*. Como os dispositivos, as normas são locais, estão em vigor aqui e agora enquanto isso *funcionar*, empiricamente. As normas não escondem sua origem e seu porquê; não é nas normas que estes devem ser buscados, mas no conflito, numa crise que as precedeu. O essencial já não reside, hoje, numa proclamação liminar de universalidade, que continuamente pretenderia fazer-se respeitar por todos os lados; pelo contrário, a atenção se volta às *operações*, à pragmática. De fato, há uma totalização, aqui também, mas esta não nasce de uma vontade de universalização: ela se forma mediante a *articulação* dos próprios dispositivos, por meio da continuidade da circulação entre eles.

GLOSA δ: Assiste-se, no Império, a uma proliferação do direito, a uma aceleração crônica da produção jurídica. Essa proliferação do direito, longe de sancionar um triunfo qualquer da Lei, traduz, ao contrário, sua extrema desvalorização, sua caducidade definitiva. A Lei, no reino da norma, é apenas um modo entre tantos outros, e não menos ajustável e reversível que os demais, de retroagir sobre a sociedade. É uma *técnica de governo*, um modo de pôr fim a uma crise, e nada mais. A Lei, que o Estado moderno havia elevado ao estatuto de única fonte do direito, agora já não é mais do que uma das expressões da norma social. Os próprios juízes não têm mais a tarefa subordinada de qualificar os fatos e de aplicar a Lei, mas a função soberana de avaliar a oportunidade desse ou daquele julgamento. A partir disso, a imprecisão das leis, na qual será possível encontrar cada vez mais referências a nebulosos critérios de normalidade, não constituirá em si um vício redibitório, mas, antes, uma condição de sua duração e de sua aplicabilidade a todo caso particular. A judicialização do social e o "governo dos juízes" são apenas isto: o fato de que os juízes só decidem *em nome da norma*. No Império, um "processo antimáfia" apenas coroa a vitória de uma máfia, aquela que julga, sobre outra, a que é julgada. Aqui, o Direito se tornou uma arma como outra qualquer no desenvolvimento universal da hostilidade. Se os Bloom não conseguem mais, tendencialmente, relacionar-se uns com os outros e torturar-se uns aos outros senão na linguagem do Direito, o Império, por sua vez, não afeta particularmente essa linguagem, mas a utiliza de acordo com a ocasião, conforme a oportunidade; e mesmo então continua, no fundo, falando a única linguagem que conhece: a da *eficácia*, da eficácia para *reestabelecer a situação normal*, para produzir a ordem pública, o bom funcionamento geral da Máquina. Duas figuras cada vez mais parecidas dessa soberania da eficácia, então, se impõem, na própria convergência de suas funções: o *policial* e o *médico*.

GLOSA ε: "*A Lei deve ser utilizada simplesmente como uma arma a mais no arsenal do governo, e, nesse caso, não representa nada mais do que uma cobertura de propaganda para se desfazer dos membros indesejáveis do público. Para melhor eficácia, será conveniente que as atividades dos serviços judiciais estejam ligadas ao esforço da guerra do modo mais discreto possível*" (Frank Kitson, *Low Intensity Operations – Subversion Insurgency and Peacekeeping*, 1971).

55

É cidadão todo aquele que apresente um grau de neutralização ética ou uma atenuação compatível com o Império. Aqui, a *diferença* não está absolutamente banida, isto é, uma vez que se desenvolve sobre o fundo da equivalência geral. De fato, a diferença serve, inclusive, como unidade elementar para a gestão imperial das identidades. Se o Estado moderno reinava sobre a "república fenomênica dos interesses", é possível dizer que o Império reina sobre a *república fenomênica das diferenças*. E é por essa farsa depressiva que SE esconjura agora a expressão das formas-de-vida. Desse modo, o poder imperial pode permanecer impessoal: porque ele próprio é o poder personalizador; porque ele é totalizante: porque é ele próprio que individualiza. Mais do que com individualidades ou subjetividades, lidamos aqui com individualizações e subjetivações transitórias, descartáveis, modulares. *O Império é o livre jogo dos simulacros.*

GLOSA α: A unidade do Império não é obtida a partir de algum suplemento formal à realidade, mas em escala mais baixa, em nível molecular. A unidade do Império não é outra que a uniformidade mundial das formas-de-vida atenuadas que produz a conjunção do Espetáculo e do Biopoder. Uniformidade mais em padrão *moiré* do que multicolorida, feita de diferenças certas, mas de diferenças *em relação à norma*. Diferenças normalizadas. Desvios estatísticos. Nada proíbe, no Império, ser um pouco punk, ligeiramente cínico ou moderadamente sadomasoquista. O Império tolera todas as transgressões desde que elas permaneçam *soft*. Aqui, já não temos mais que lidar com uma totalização voluntarista *a priori*, mas com uma calibragem molecular das subjetividades e dos corpos. "Na medida em que o poder se torna mais anônimo e mais funcional, aqueles sobre quem se exerce tendem a ser cada vez mais fortemente individualizados" (Foucault, *Vigiar e Punir*).

GLOSA ß: "A partir de agora, todo o mundo habitado se encontra em uma festa perpétua. Soltou as armas que antes carregava consigo e se voltou, sem preocupação, a todo tipo de festividades e diversões. Todas as rivalidades desapareceram e uma só forma de competição preocupa hoje todas as cidades: a que consiste em oferecer o melhor espetáculo de beleza e encanto. O mundo inteiro agora está repleto de ginásios, fontes, portas monumentais, templos, ateliês e academias. E é possível afirmar, com certeza científica, que um mundo que estava agonizando se reestabeleceu e recebeu um novo sopro de vida. [...]

O mundo inteiro foi disposto como um parque de diversões. A fumaça das vilas incendiadas e das fogueiras – acesas pelos amigos ou inimigos – se apagou no além do horizonte, como se um vento poderoso a tivesse dissipado, e foi substituída pela multidão e variedade inumerável dos espetáculos e jogos encantadores [...] A tal ponto que os únicos povos dos quais devemos ter piedade, por causa das boas coisas de que são privados, são aqueles que estão fora de teu império, se é que ainda existem" (Élio Aristides, *In Romam oratio*, 144 d.C.).

56

A partir de então, cidadão quer dizer: cidadão do Império.

GLOSA: Em Roma, ser cidadão não era o apanágio apenas dos romanos, mas de todos aqueles que, em cada província do Império, manifestavam uma conformidade ética de acordo com o modelo romano. Ser cidadão designava um estatuto jurídico apenas na medida em que este correspondia a um trabalho individual de autoneutralização. Como se vê, o termo *cidadão* não pertence à linguagem da Lei, mas à da norma. A convocação do cidadão é, assim, desde a Revolução, uma prática de urgência; uma prática que responde a uma situação de exceção ("a Pátria em perigo", "a República ameaçada" etc.). Então, a convocação do cidadão nunca é a convocação do sujeito de direito, mas a injunção feita ao sujeito de direito para que saia de si e entregue sua vida, para que se comporte de maneira exemplar, *para ser mais que um sujeito de direito e poder permanecer como tal.*

57

A desconstrução é o único pensamento compatível com o Império, isso quando não é seu pensamento oficial. Aqueles que o celebraram como "pensamento débil" acertaram: a desconstrução é toda essa prática discursiva de todo dirigida a um único objetivo: *dissolver, desqualificar toda intensidade e, em si mesma, jamais produzi-la.*

GLOSA: Nietzsche, Artaud, Schmitt, Hegel, São Paulo, o romantismo alemão, o surrealismo: parece que a desconstrução teve vocação para tomar como alvo de seus fastidiosos comentários tudo aquilo que, no pensamento, em certos momentos, foi portador de intensidade. Em seu próprio domínio, essa nova forma de polícia que se fez passar por uma continuação inocente da crítica literária, para além de sua data de vencimento, revela-se com uma eficácia bastante notável. Logo ela chegará a dispor ao redor de tudo aquilo que, do passado, permanece virulento, cordões de isolamento sanitários de digressões, de reservas, de jogos de linguagem e piscadelas, prevenindo, com o peso de seus volumes em prosa, qualquer prolongamento do pensamento em gesto, em resumo, lutando passo a passo contra o acontecimento. Não surpreende que essa espessa corrente da lengalenga mundial tenha nascido de uma crítica da metafísica como privilégio concedido à presença "simples e imediata", à palavra mais do que à escritura, à vida mais do que ao texto e à multiplicidade de significações. Certamente seria possível interpretar a desconstrução como uma simples reação bloomesca. O desconstrutor, que já não consegue manter um domínio do menor detalhe do mundo, que literalmente já *quase* não está no mundo, que fez da ausência seu modo permanente de ser, ensaia assumir sua bloomitude por meio de uma bravata: ele se fecha no círculo fechado das realidades que ainda o tocam porque elas partilham seu grau de evaporação: os livros, os textos, os filmes e as músicas. Ele deixa de ver no que lê qualquer coisa que poderia reportar à sua vida e vê no que vive um tecido de referências ao que já leu. A presença e o mundo em seu conjunto, na medida em que o Império lhe concede seus meios, adquirem para ele um caráter de pura hipótese. Para ele, a realidade e a experiência não são mais que vis argumentos de autoridade. Há algo de *militante* na desconstrução, como um militantismo da ausência, uma retirada ostensiva do mundo fechado, mas indefinidamente recombinável das significações. A desconstrução tem uma função política precisa sob suas aparências de simples fatuidade: a de fazer passar por *bárbaro* tudo aquilo que viria a se opor violentamente ao

Império, por *místico* quem quer que tome sua presença a si como centro de energia de sua revolta, por *fascista* toda consequência vivida do pensamento, todo *gesto*. Para esses agentes setoriais da contrarrevolução preventiva, trata-se apenas de proteger a suspensão epocal que os faz viver. O imediato, como já explicava Hegel, é a determinação mais abstrata. E como bem compreenderam os descontrutores: *o futuro de Hegel é o Império*.

58

O Império não concebe a guerra civil como uma afronta feita a sua majestade, como um desafio a sua onipotência, mas apenas como um *risco*. Assim se explica a contrarrevolução preventiva que o Império não cessou de dirigir a tudo o que poderia ocasionar *perfurações* no tecido biopolítico contínuo. Diferentemente do Estado moderno, o Império não nega a existência da guerra civil, ele a *gerencia*. De outro modo, aliás, teria que privar-se de certos meios bastante cômodos para pilotá-la ou contê-la. Onde suas redes ainda penetram apenas de forma insuficiente, ele se aliará pelo tempo que for necessário com qualquer máfia local, isto é, com essa ou aquela guerrilha, se estas lhe garantirem manter a ordem sobre o território que lhes correspondem. Nada é mais estranho ao Império do que a questão de saber quem controla o quê, desde que *haja controle*. E disso se segue que *não reagir é ainda, aqui, uma reação*.

GLOSA α: É prazeroso observar a que cômicas contorções o Império obriga, durante suas intervenções, aqueles que, querendo opor-se a ele, recusam-se a assumir a guerra civil. Desse modo, as boas almas que não podiam compreender que a operação imperial no Kosovo não era dirigida contra os sérvios, mas contra a própria guerra civil – que começa a se estender sob formas demasiado visíveis nos Bálcãs –, não tinham outra escolha, em sua compulsão de *tomar posição*, senão abraçar a causa da OTAN ou a de Milošević.

GLOSA β: Pouco depois de Gênova e suas cenas de repressão nos moldes chilenos, um alto funcionário da polícia italiana entrega ao *La Repubblica* essa emocionante confissão: "Bom, vou dizer algo que me custa e que nunca disse a ninguém. [...] A polícia não está aí para colocar ordem, mas para governar a desordem."

59

A redução cibernética coloca, de modo ideal, o Bloom como transmissor transparente da informação social. Assim, o Império se representará voluntariamente como uma *rede* da qual cada um será um *nó*. A norma constitui, então, em cada um desses nós, o elemento da condutividade social. Mais do que a informação, é a *causalidade biopolítica* que aí circula, com mais ou menos resistência, segundo o gradiente de normalidade. Cada nó – país, corpo, empresa, partido político – é considerado *responsável* por sua resistência. E isso vale até o ponto de não condução absoluto, ou de refração dos fluxos. O nó em questão será, então, decretado culpado, criminoso, inumano, e objeto da intervenção imperial.

GLOSA α: Pois bem, como ninguém jamais está demasiado despersonalizado para conduzir perfeitamente os fluxos sociais, todos já estão sempre, e essa é uma condição da sobrevivência, *em falta* em relação à norma; norma que, por outro lado, só será estabelecida posteriormente, depois da intervenção. Chamemos esse estado de *falta branca*. Ela é a condição moral do cidadão no Império, e a razão pela qual não há, na verdade, cidadão, mas apenas *provas* de cidadania.

GLOSA ß: A rede, com sua informalidade, sua plasticidade, seu inacabamento oportunista, oferece o modelo das solidariedades fracas, dos vínculos frouxos com os quais é tecida a "sociedade" imperial.

GLOSA γ: O que finalmente aparece na circulação planetária da responsabilidade, quando a reflexão sobre o mundo chega ao ponto em que se buscam culpados pelos estragos de uma "catástrofe natural", é quão essencialmente *construída* é toda causalidade.

GLOSA δ: O Império tem o costume do que se chama "campanhas de sensibilização". Estas consistem na elevação deliberada da sensibilidade dos receptores sociais para esse ou aquele fenômeno, isto é, na criação desse fenômeno enquanto fenômeno, e na construção da rede de causalidades que permitirão materializá-lo.

60

A extensão das atribuições da polícia imperial, do Biopoder, é ilimitada, porque aquilo que ela tem como missão circunscrever, deter, não é da ordem da atualidade, *mas da potência*. O arbitrário chama-se aqui *prevenção*, e o risco é *essa potência que se encontra por todas as partes em ato enquanto potência* que funda o direito de ingerência universal do Império.

GLOSA α: O inimigo do Império é interno. É o acontecimento. É tudo aquilo que *poderia* acontecer e que colocaria em apuros as normas e os dispositivos. Portanto, o inimigo está, logicamente, presente em todos os lugares, sob a forma do *risco*. E a solicitude é a única causa *reconhecida* das brutais intervenções imperiais contra o Partido Imaginário: "Observem como estamos prontos para protegê-los, já que, se algo de extraordinário acontecer de imediato, evidentemente sem levar em conta esses velhos costumes que são as leis e as jurisprudências, iremos intervir com todos os meios que sejam necessários" (Foucault).

GLOSA ß: É evidente que existe um caráter ubuesco do poder imperial, que paradoxalmente não parece feito para minar a eficácia da Máquina. Do mesmo modo, há um aspecto *barroco* do edifício jurídico sob o qual nós vivemos. De fato, a manutenção de certa confusão permanente quanto aos regulamentos em vigor, aos direitos, às autoridades e suas competências, parece vital ao Império. Uma vez que é ela que lhe permite fazer uso, quando chegar o momento, *de todos os meios*.

61

Não convém distinguir entre policiais e cidadãos. No Império, a diferença entre a polícia e a população é abolida. Cada cidadão do Império pode, a todo instante, e com base numa reversibilidade propriamente bloomesca, revelar-se um policial.

GLOSA α: Foucault vê a ideia de "que o delinquente é o inimigo de toda a sociedade" aparecer na segunda metade do século XVIII. No Império, ela é estendida à totalidade do cadáver social recomposto. Cada um é para si mesmo e para os demais, em virtude de seu estado de falta branca, um risco, um *hostis* potencial. Essa situação esquizoide explica a renovação imperial da delação, da vigilância mútua, do endo e entrepoliciamento. Pois não se trata apenas do fato de que os cidadãos do Império denunciem tudo o que lhes pareça "anormal" com um frenesi tal que a polícia já não consegue seguir as pistas, trata-se inclusive do fato de que, por vezes, eles denunciam a si mesmos para acabar com a falta branca de maneira que, com o julgamento chegando para si, sua situação indecisa, sua dúvida quanto a seu pertencimento ao tecido biopolítico, seja liquidada. E é por meio desse mecanismo de terror geral que são repelidos com todos os meios, colocados em quarentena, isolados espontaneamente, todos aqueles em risco, todos que, sendo suscetíveis de uma intervenção imperial, poderiam arrastar em sua queda, como efeito da capilaridade, as malhas adjacentes da rede.

GLOSA ß: "Como definir os policiais?

Os policiais são provenientes do setor público, e o setor público faz parte da polícia. Os agentes de polícia são aqueles que são pagos para dedicar todo seu tempo ao cumprimento de deveres, deveres que são igualmente os de todos os seus concidadãos.

Qual o papel prioritário da polícia?

Ela tem uma missão ampla, centrada na resolução de problemas (problem solving policing).

Qual é o critério de eficácia da polícia?

A ausência de crime e desordem.

De que se ocupa especificamente a polícia?

Dos problemas e das preocupações dos cidadãos.

O que determina a eficácia da polícia?

A cooperação do setor público.

O que é o profissionalismo policial?

Uma capacidade de permanecer em contato com a população para antecipar os problemas.

Como a polícia considera os procedimentos judiciais?

Como um meio entre tantos outros.

(Jean-Paul Brodeur, professor de criminologia em Montreal. *Guide pratique de la police de proximité*, Paris, março de 2000).

62

A soberania imperial consiste nisto: que nenhum ponto do espaço, nem do tempo, nem nenhum elemento do tecido biopolítico esteja resguardado em face de sua intervenção. A memorização do mundo, a rastreabilidade generalizada, o fato de que os meios de produção tendem a se tornar inseparavelmente meios de controle, a subsunção do edifício jurídico ao simples arsenal da norma, tudo isso tende a fazer, de cada um, *um suspeito*.

GLOSA: Um telefone celular se torna um informante, um meio de pagamento, um revelador de seus hábitos alimentares; seus pais se transformam em delatores; uma fatura de telefone torna-se o fichamento de seus amigos: toda superprodução de informação inútil da qual se é objeto se revela crucial pelo simples fato de ser, a todo instante, *utilizável*. Que essa informação esteja assim *disponível* faz pesar sobre cada gesto uma ameaça suficiente. E o terreno baldio no qual o Império abandona sua mobilização mede de forma bastante exata o sentimento que habita sua própria segurança, quão pouco em perigo ele se sente agora.

63

O Império é pouco pensado, e talvez dificilmente pensável, no seio da tradição ocidental, isto é, nos limites da metafísica da subjetividade. No máximo, pode-se pensá-lo nessa superação do Estado sobre seu próprio terreno; e isso desembocou nos irrespiráveis projetos de Estado universal, nas especulações sobre o direito cosmopolita que viriam finalmente instaurar a paz perpétua, ou, mais ainda, na ridícula esperança de um Estado democrático mundial, que é a perspectiva última do negrianismo.

GLOSA α: Aqueles que não conseguem conceber o mundo de outro modo senão dentro das categorias que lhes foram fornecidas pelo Estado liberal com frequência acabam confundindo o Império, aqui denunciado como "globalização", com tal ou qual organismo supranacional (o FMI, o Banco Mundial, a OMC ou a ONU, e, mais raramente, a OTAN e a Comissão Europeia). De fórum mundial a fórum mundial, vemos nossos "antiglobalização" cada vez mais tomados pela dúvida: E se no interior desses pomposos edifícios, por trás dessas fachadas orgulhosas, não existir NADA? No fundo, eles têm a intuição de que essas grandes cascas mundiais são vazias, e, aliás, é por isso que as assediam. Os muros desses palácios são feitos apenas de boas intenções; cada um deles foi edificado em seu tempo como *reação* a alguma crise mundial e, desde então, deixados à própria sorte, desabitado, para todos os fins inúteis. Por exemplo, para servir de isca às tropas do negrianismo contestador.

GLOSA ß: Não é simples saber aonde quer chegar alguém que, ao final de uma vida de negações, afirma, em um artigo intitulado "'O Império', fase superior do imperialismo", que, "na atual fase imperial, não há mais imperialismo", que decreta a morte da dialética para concluir que é preciso "teorizar e agir ao mesmo tempo *no* e *contra* o Império"; alguém que, algumas vezes, colocou-se na posição masoquista e exigiu que as instituições se autodissolvessem e, em outras, suplicou para que elas existissem. Por isso, não devemos partir de seus escritos, mas de sua ação histórica. Mesmo para compreender um livro como *Império* – esse tipo de trapalhada teórica que opera no pensamento a mesma reconciliação final de todas as incompatibilidades que o Império sonha realizar em seus feitos –, é mais instrutivo observar as práticas que nele se proclamam como próprias. No discurso dos burocratas espetaculares dos *Tute Bianche*, o termo "povo de Seattle" foi substituído, depois de algum tempo, por "multidão". "O povo, lembra Hobbes, é aquilo que é um, que tem uma só vontade e ao qual se pode atribuir uma ação própria: mas nada similar a isso se pode dizer da multidão. É o povo que reina em qualquer tipo de Estado: pois, nas próprias monarquias, é o *povo* que comanda, e que quer mediante a vontade de um único homem. Mas são os particulares e os sujeitos que fazem a multidão. Paralelamente, no Estado popular e no aristocrático, a massa dos habitantes é a multidão, e a corte ou o conselho é o povo." Toda perspectiva negriana, portanto, se limita a isto: forçar o Império, pela encenação da emergência de uma assim chamada "sociedade civil mundial", a se dar as formas de um Estado universal. Vinda de pessoas que *sempre aspiraram a posições institucionais*, que *sempre fingiram crer na ficção do Estado moderno*, essa estratégia aberrante se torna límpida; e as contraevidências do *Império* adquirem por si só uma significação histórica. Quando Negri afirma que foi a multidão que engendrou o Império, que "a soberania tomou uma nova forma, composta de uma série de organismos nacionais e supranacionais unidos sob uma lógica única de governo", que "o Império é o sujeito político que regula efetivamente as trocas mundiais, o poder soberano que governa o mundo", ou, ainda, que "essa ordem se exprime sob uma forma jurídica", Negri de modo algum se dá conta do mundo que o rodeia, mas das ambições que o animam. Os negrianos *querem* que o Império se

dê formas jurídicas, *querem* ter face a face uma soberania pessoal, um sujeito institucional com o qual contratar
ou que poderiam fazer seus. A "sociedade civil mundial"
que demandam apenas revela seu *desejo* de um Estado
mundial. É certo que adiantam algumas provas, ou isso
que ao menos consideram como tal, da existência de uma
ordem universal em formação: a intervenção no Kosovo,
na Somália, no Golfo, e sua legitimação espetacular pelos
"valores universais". Mas, mesmo quando o Império era
dotado de uma fachada institucional postiça, sua realidade efetiva não era menos concentrada em uma política
e uma publicidade mundiais, respectivamente o Biopoder
e o Espetáculo. Que as guerras imperiais se apresentem
como "operações de polícia internacional" colocadas em
funcionamento por "forças de intervenção", que a guerra
seja colocada fora da lei por uma forma de dominação que
gostaria de fazer com que suas próprias ofensivas se pas-
sassem por simples assuntos de gestão interior, por uma
questão policial e não política – assegurar "a tranquilidade,
a segurança e a ordem" –, Schmitt já havia vislumbrado
há sessenta anos, e isso em nada contribui para a elaboração progressiva de um "direito de polícia", como quer
crer Negri. O consenso espetacular momentâneo contra
tal ou qual "Estado bandido", tal ou qual "ditador" ou "terrorista", só funda a legitimidade temporária e reversível

da intervenção imperial, que reivindica esse consenso. A reedição dos tribunais de Nuremberg degenerados para qualquer coisa, a decisão unilateral por meio de instâncias judiciais nacionais para julgar crimes que aconteceram nos países onde nem mesmo são considerados como tais, não sancionam o avanço de um direito mundial nascente, mas a subordinação consumada da ordem jurídica ao estado de emergência policial. Nessas condições, não se trata de militar em favor de um Estado universal salvador, mas de destruir o Espetáculo e o Biopoder.

64

A dominação imperial, tal como começamos a reconhecê-la, pode ser qualificada como *neotaoista*, na medida em que apenas se encontra pensada profundamente no seio dessa tradição. Há vinte e três séculos, um teórico taoista afirmava que: "Existem três meios de garantir a ordem. O primeiro chama-se interesse; o segundo chama-se medo; e o terceiro, as denominações. O interesse une o povo ao soberano; o medo assegura o respeito às ordens; as denominações incitam os inferiores a tomar o mesmo caminho que os mestres. [...] É o que chamo abolir o governo pelo próprio governo, os discursos pelo próprio discurso." Sem mais, concluía: "No governo perfeito, os inferiores são sem virtude" (Han-Fei-tse, *O Tao do Príncipe*). Muito provavelmente, o governo se aperfeiçoa.

GLOSA: Alguns quiseram caracterizar a época imperial como a dos escravos sem mestres. Se isso não é falso, seria mais adequado especificá-la como a do *Domínio sem mestres*, do soberano inexistente, como o é o cavaleiro de Calvino, cuja armadura está vazia. O lugar do Príncipe permanece invisivelmente ocupado pelo *princípio*. Há, ao mesmo tempo, uma ruptura absoluta com e uma consumação da velha soberania pessoal: o grande desassossego do Mestre sempre foi ter, por súditos, somente escravos. O Princípio reinante realiza o paradoxo diante do qual teve de se inclinar a soberania substancial: *ter homens livres por escravos*. Essa soberania vazia não é uma novidade histórica propriamente dita, mesmo que o seja, de forma visível, para o Ocidente. Aqui, é o caso de se desfazer da metafísica da subjetividade. Os chineses, que mantiveram seus quartéis fora da metafísica da subjetividade entre os séculos VI e III antes de nossa era, forjaram para si uma teoria da soberania impessoal que pode ser bastante útil para compreender os ressurgimentos atuais da dominação imperial. À elaboração dessa teoria permanece associado o nome de Han-Fei-tse, principal figura da escola qualificada de forma errônea como "legalista", uma vez que desenvolve um pensamento sobre a norma mais do que sobre a Lei. Foi a sua doutrina, compilada hoje sob o título *O Tao do Príncipe*, que ditou a fundação do primeiro Império chinês verdadeiramente unificado, com o qual foi encerrado o período chamado de "Reinos combatentes".

Uma vez estabelecido o Império, o Imperador, o soberano Chin, mandou queimar a obra de Han-Fei, em 213 a.C. Apenas no século XX foi exumado o texto que havia comandado toda a prática do Império chinês; portanto, justamente quando este caía. O Príncipe de Han-Fei, aquele que ocupa a Posição, é Príncipe somente em razão de sua impessoalidade, de sua ausência de qualidade, de sua invisibilidade, de sua inatividade; só é Príncipe na medida de sua reabsorção no Tao, no Caminho, no curso das coisas. Não é um Príncipe em sentido pessoal, é um Princípio, um puro vazio, que ocupa a Posição e permanece no não agir. A perspectiva do Império legalista é a de um Estado que seria perfeitamente imanente à sociedade civil: "A lei de um Estado onde reina a ordem perfeita é obedecida tão naturalmente que comemos quando temos fome e nos cobrimos quando temos frio: nenhuma necessidade de ordenar", explica Han-Fei. A função do soberano é aqui a de articular os dispositivos que o tornarão supérfluo, que permitirão a autorregulação cibernética. Se, em certos aspectos, a doutrina de Han-Fei lembra certas construções do pensamento liberal, nunca teve, todavia, a ingenuidade deste: ela se entende como teoria da dominação absoluta. Han-Fei manda o Príncipe permanecer no Caminho de Lao-Tsé: "O Céu é inumano: trata os homens como cães de palha." Até seus mais fiéis ministros devem saber quão minúsculos são em face da Máquina Imperial; estes mesmos que ainda ontem se acreditavam os senhores devem temer que recaia sobre eles alguma operação de "moralização da vida pública", algum desejo irresistível de transparência. A arte da dominação imperial consiste em absorver-se no Princípio, em desvanecer no nada, em tornar-se invisível e, com isso, ver tudo, em tornar-se inapreensível e, por isso, tomar tudo. Aqui, o retrato do Príncipe é apenas o retrato do Princípio: fixar as normas a partir das quais os seres serão julgados e avaliados, velar para que as coisas sejam nomeadas da maneira "que convém", regrar a medida das gratificações e dos castigos, reger as identidades e vincular os homens a estas. Ater-se a isso e permanecer opaco. Tal é a arte da dominação vazia e desmaterializada, da dominação *imperial* da retirada.

O Princípio está no invisível,
O Uso, no imprevisível.
Vazio e calmo, carece de ocupação.
Escondido, desmascara os defeitos.
Vê sem ser visto,
Escuta sem ser escutado,
Conhece sem ser percebido.
Compreende aonde os discursos querem levar;
Não se altera nem se move.
Examina e confronta;
Cada qual está em seu lugar.
Não se comunicam;
Tudo está em ordem.
Mascara os rastros,

Queima as pistas;
Ninguém o alcança.
Proíbe a inteligência;
Abandona todo talento;
Está fora do alcance dos súditos.
Eu escondo minhas intenções,
Examino e confronto.
Tomo-as pelas mãos;
Aperto-as solidamente.
Não as deixo esperar;
Anulo inclusive o pensamento;
Suprimo até mesmo o desejo;
O Caminho do Mestre: fazer da retirada uma joia,
reconhecer os homens capazes sem ocupar-se de
tarefas; fazer as boas escolhas sem planejá-las. É
assim que lhe respondemos sem que ele pergunte,
que se acaba com o trabalho sem que ele exija.
(*O Caminho do Mestre*)

Não revela suas fontes.

Constantemente inativo.

Coisas acontecem nos quatro cantos do mundo.

O importante: tomar o centro.

O sábio apreende o importante.

Os quatro orientes respondem.

Calma, inativo, espera

Que alguém chegue para servi-lo.

Todos os seres que o universo encobre

Por sua claridade e obscuridade se anunciam.

[...]

Não muda nem emudece,

Movendo-se com os Deuses

Sem jamais ter descanso.

Seguir a razão das coisas;

Cada ser tem um lugar,

Todo objeto, um uso

Tudo está onde deve.

De cima a baixo, o não agir.

Que o galo vele pela noite,

Que o gato pegue os ratos,

Cada um segundo seu emprego;

E o Mestre é sem emoção.

O método para tomar o Um:

Partir dos Nomes,

Para nomes certos, coisas seguras.

[...]

O Mestre opera pelo Nome.

[...]

Sem agir, ele governa.

[...]

O mestre de seus súditos

Corta a árvore constantemente

Para que não prolifere.

(*Manifesto doutrinal*)

65

Todas as estratégias imperiais, isto é, tanto a polarização espetacular dos corpos sobre ausências adequadas como o terror constante que se empenha em manter, visam a fazer com que o Império jamais apareça como tal, como *partido*. Esse tipo de paz muito especial, a paz *armada* que caracteriza a ordem imperial, prova-se cada vez mais sufocante à medida que ela mesma é o resultado de uma guerra total, muda e contínua. O que está em jogo na ofensiva, aqui, não é ganhar algum enfrentamento, mas, ao contrário, fazer com que o enfrentamento *não aconteça*, conjurar o acontecimento em sua raiz, prevenir todo salto de intensidade no jogo das formas-de-vida, por meio do qual o político adviria. O fato de que nada aconteça já é para o Império uma vitória massiva. Frente ao "inimigo qualquer", frente ao Partido Imaginário, sua estratégia consiste em "substituir o acontecimento que se queria decisivo, mas que permanece sendo aleatório (a batalha), por uma série de ações menores, mas estatisticamente eficazes, que chamaremos, por oposição, a não batalha" (Guy Brossollet, *Ensaio sobre a não batalha*, 1975).

66

O Império não se opõe a nós como um sujeito que nos enfrentaria, mas como um *meio* que nos é hostil.

UMA ÉTICA DA GUERRA CIVIL

"Nova forma de comunidade: afirmar-se de maneira guerreira. Caso contrário, o espírito se debilita. Nada de "jardins", "esquivar-se das massas" não é o suficiente. A guerra (mas sem pólvora!) entre os diferentes pensamentos! E entre seus exércitos!"

NIETZSCHE,
Fragmentos póstumos

67

Todos aqueles que não podem ou não querem conjurar as formas-de-vida que os movem devem se render a esta evidência: eles são, nós somos, os *párias* do Império. Existe, encravado em algum lugar em nós, um ponto de opacidade sem retorno que é como a marca de Caim e que preenche os cidadãos de terror quando não de ódio. Maniqueísmo do Império: de um lado, a nova humanidade radiante, cuidadosamente reformatada, transparente a todos os raios do poder, idealmente desnudada de experiência, ausente a si inclusive no câncer: são os cidadãos, os cidadãos do Império. E então há *nós*. *Nós* não é nem um sujeito nem uma entidade formada, tampouco uma multidão. *Nós* é uma *massa de mundos*, de mundos infraespetaculares, intersticiais, com existência inconfessável, tecidos de solidariedades e de dissensões impenetráveis ao poder; e então também são os perdidos, os pobres, os prisioneiros, os ladrões, os criminosos, os loucos, os perversos, os corrompidos, os demasiado-vivos, os transbordantes, as corporeidades rebeldes. Em suma: todos aqueles que, seguindo sua linha de fuga, não se encontram confortáveis na tibieza climatizada do paraíso imperial. *Nós* é todo o plano de consistência fragmentado do Partido Imaginário.

68

Na medida em que nos mantemos em contato com nossa própria potência, mesmo que seja apenas pensando nossa experiência, nós representamos um perigo no seio das metrópoles do Império. Nós somos o *inimigo qualquer*. Aquele contra o qual todos os dispositivos e as normas imperiais são agenciadas. Inversamente, o homem do ressentimento, o intelectual, o imunodeficiente, o humanista, o transplantado ou o neurótico oferecem o modelo do cidadão do Império. Deles, é possível estar seguro de que não há nada a temer. Devido a seu estado, estão ancorados em condições de existência de uma artificialidade tal que só o Império pode lhes dar garantias; e toda modificação brutal destas significaria sua morte. Eles são os colaboradores natos. Não é apenas o poder, é a polícia que passa através de seus corpos. A vida mutilada não aparece somente como uma consequência do avanço do Império, mas é, em primeiro lugar, uma *condição* deste. A equação *cidadão = policial* se prolonga na extrema fratura dos corpos.

69

Tudo aquilo que o Império tolera é, para nós, aparentemente exíguo: os espaços, as palavras, os amores, as cabeças e os corações. Tantas cordas no pescoço. Aonde quer que formos, formam-se, quase que espontaneamente, ao nosso redor, esses cordões sanitários tetanizados, tão reconhecíveis nos olhares e nos gestos. É preciso tão pouco para ser identificado como suspeito pelos cidadãos anêmicos do Império, como um *indivíduo de risco*. Uma negociação permanente acontece para que renunciemos a essa intimidade com nós mesmos, algo pelo qual tanto nos reprovam. E, com efeito, nem sempre nos manteremos assim, nessa posição desgarrada de desertor interior, de estrangeiro apátrida, de *hostis* muito cuidadosamente mascarado.

70

Nós não temos nada a dizer aos cidadãos do Império: para isso, seria preciso que tivéssemos algo em comum. Para eles, a regra é simples: ou desertam, lançam-se no devir e se unem a nós, ou permanecem onde estão e serão então tratados segundo o princípio bem conhecido da hostilidade: redução e esmagamento.

71

A hostilidade, que no Império rege tanto a não relação consigo quanto a não relação global dos corpos entre si, é para nós o *hostis*. Tudo o que quer nos extorquir deve ser aniquilado. Quero dizer, é a própria esfera da hostilidade que nós devemos reduzir.

72

A esfera da hostilidade só pode ser reduzida estendendo o domínio ético-político da amizade e da inimizade: é por isso que o Império não consegue reduzi-la, apesar de todos os seus protestos em favor da paz. O devir-real do Partido Imaginário é somente a formação por *contágio* do plano de consistência, no qual amizades e inimizades se desenvolvem livremente e se tornam legíveis a si mesmas.

73

O agente do Partido Imaginário é aquele que, partindo de onde se encontra, de sua *posição*, desencadeia ou persegue o processo de polarização ética, de assunção diferencial das formas-de-vida. Esse processo não é outro que não o *tiqqun*.

74

O *tiqqun* é o devir-real, o devir-*prático* do mundo; o processo de revelação de todas as coisas como *prática*, isto é, como se posicionando dentro de seus limites, em sua significação imanente. O *tiqqun* é que cada ato, cada conduta, cada enunciado dotado de sentido, ou seja, enquanto *acontecimento*, inscreve-se por si mesmo em sua metafísica própria, em sua comunidade, em seu *partido*. A guerra civil apenas quer dizer: o mundo é prático; a vida, heroica em todos os seus detalhes.

75

O movimento revolucionário não foi derrotado, como lamentam os stalinistas desde sempre, em razão de sua unidade insuficiente, mas por causa do nível demasiado frágil de elaboração da guerra civil em seu seio. A esse respeito, a confusão sistemática entre *hostis* e inimigo teve o efeito debilitante que se sabe, da tragédia soviética até o cômico dos grupelhos.

Façamo-nos entender: não é o Império o inimigo em relação ao qual deveríamos nos medir, e, da mesma forma, as outras tendências do Partido Imaginário não são para nós tão *hostis* que devam ser liquidadas. De fato, é o contrário.

76

Toda forma-de-vida tende a se constituir em comunidade, e de comunidade em mundo. Cada mundo, enquanto se pensa, isto é, enquanto se apreende estrategicamente em seu jogo com os outros mundos, descobre-se configurado por uma metafísica particular, que é mais que um sistema, é *uma língua*, *sua língua*. E é então, enquanto se pensou, que este mundo se torna contaminante: pois ele sabe de qual *éthos* é portador, passou a mestre em um determinado setor da arte das distâncias.

77

O princípio da serenidade mais intensa consiste, para cada corpo, em ir até o fim de sua forma-de--vida presente, até o ponto em que a linha de crescimento de potência se desvanece. Cada corpo quer esgotar sua forma-de-vida, deixá-la morta atrás de si. Depois passa a outra. Ele ganhou em espessura: sua experiência o alimentou. E ganhou em flexibilidade: soube desprender-se de uma figura de si.

78

Aí onde estava a vida nua deve advir a forma-de-vida. A doença e a debilidade não são afecções da vida nua, genérica, sem, em primeiro lugar, serem afecções que tocam singularmente certas formas-de-vida, orquestradas pelos imperativos contraditórios da pacificação imperial. Repatriando assim, no terreno das formas-de-vida, tudo aquilo que é exilado na linguagem plena de embaraços da vida nua, invertemos a biopolítica em *política da singularidade radical*. Uma medicina está por ser reinventada, uma medicina *política* que partirá das formas-de-vida.

79

Nas condições presentes, no Império, toda agregação ética só pode se constituir em *máquina de guerra*. Uma máquina de guerra não tem a guerra como objeto; ao contrário: ela só pode "fazer a guerra sob a condição de criar outra coisa ao mesmo tempo, mesmo que sejam apenas novas relações sociais não orgânicas" (Deleuze-Guattari, *Mil platôs*). Diferente tanto de um exército como de qualquer *organização* revolucionária, a máquina de guerra só tem uma relação de *suplemento* com a guerra. É capaz de lançar ofensivas, de começar batalhas, de ter um recurso sutil à violência, mas não *necessita* disso para levar uma existência plena.

80

Aqui se coloca a questão da reapropriação da violência, da qual fomos perfeitamente despossuídos, com todas as expressões intensas da vida, pelas democracias biopolíticas. Comecemos por acabar com a velha concepção de uma morte que sobreviria ao término, como ponto final da vida. A morte *é cotidiana*, ela é a diminuição contínua de nossa presença sob o efeito da impossibilidade de abandonar-se a nossas inclinações. Cada uma de nossas rugas, de nossas doenças, é um gosto ao qual não fomos fiéis, o produto de uma traição em face de uma forma-de-vida que nos anima. Essa é a morte real à qual estamos submetidos e cuja causa principal é nossa falta de força, o *isolamento* que nos impede de revidar a cada um dos golpes do poder, de nos abandonar sem garantias de que teremos que pagá-lo. Eis aqui por que nossos corpos experimentam a necessidade de se agregar em máquinas de guerra, pois só isso nos torna igualmente capazes *de viver e lutar*.

81

Do que precede, será possível deduzir sem esforços esta evidência biopolítica: não há morte "natural", todas as mortes são mortes *violentas*. Isso vale existencial e historicamente. Nas democracias biopolíticas do Império, tudo foi socializado; cada morte entra em uma rede complexa de causalidades que fazem dela uma morte *social*, um assassinato; só há assassinato, que por vezes é condenado, outras, anistiado, e, na maioria das vezes, ignorado. Nesse ponto, a questão que se coloca já não é a do *fato* do assassinato, mas a de seu *como*.

82

O fato não é nada, o *como* é tudo. Que não haja fato não previamente *qualificado* já é uma prova suficiente disso. O golpe de mestre do Espetáculo consiste em ter monopolizado a qualificação, a *denominação*, e, a partir dessa posição, em contrabandear sua metafísica, entregando como fatos o produto de suas interpretações fraudulentas. Uma ação de guerra social é um "ato de terrorismo", enquanto uma grande intervenção da OTAN, decidida da maneira mais arbitrária, é uma "operação de pacificação"; um envenenamento em massa é uma epidemia, e se denomina "Presídio de Segurança Máxima" a prática legal da tortura em prisões democráticas. Diante disso, o *tiqqun* é, ao contrário, a ação de devolver a cada fato seu próprio *como*, de tomá-lo, inclusive, como *único real*. A morte em duelo, um belo assassinato, uma última frase genial pronunciada com *páthos* são suficientes para apagar o sangue, para humanizar o que se considera o mais inumano: o assassinato. Pois na morte, mais do que em todo o resto, o *como* reabsorve o fato. Entre inimigos, por exemplo, a arma de fogo será excluída.

83

Este mundo está preso entre duas tendências: sua libanização ou sua suicificação; tendências que podem, zona por zona, coabitar. E, com efeito, estas são as duas maneiras singularmente reversíveis, pouco importando se aparentemente divergentes, de conjurar a guerra civil. O Líbano, antes de 1974, não era chamado de a "Suíça do Oriente Médio"?

84

No curso do devir-real do Partido Imaginário, sem dúvida nos encontraremos com estas sanguessugas lívidas: os revolucionários profissionais. Contra a evidência de que os únicos belos momentos do século foram chamados "guerras civis" de maneira depreciativa, eles denunciarão em nós "a conspiração da classe dominante para abater a revolução mediante uma guerra civil" (Marx, *A guerra civil na França*). Nós não cremos *na* revolução, mas mais em "revoluções moleculares", e, sem reservas, em *assunções diferenciadas da guerra civil*. Em um primeiro momento, os revolucionários profissionais, cujos desastres repetidos acabaram de esfriar, nos difamaram como diletantes, como traidores da causa. Querem nos fazer crer que o Império é o inimigo. Nós objetaremos sua idiotice afirmando que o Império não é o inimigo, mas o *hostis*. Não se trata de vencê-lo, mas de *aniquilá-lo*, e, no limite, podemos prescindir de seu Partido, seguindo nisso os conselhos de Clausewitz em relação à guerra popular: "A guerra popular, como algo vaporoso e fluido, não deve se condensar em nenhum lugar e tampouco formar um corpo sólido; caso contrário, o inimigo envia uma força adequada contra seu núcleo, o destrói e faz muitos prisioneiros; então, a coragem desaparece, todos pensam que o problema principal está resolvido, que qualquer esforço ulterior seria inútil e que as armas caem das mãos da nação. Mas, por outro lado, é preciso que essa neblina se condense em certos pontos, forme massas compactas, nuvens ameaçadoras a partir das quais possa então surgir um relâmpago terrível. Esses pontos se situarão, sobretudo, nos flancos do teatro de guerra do inimigo. [...] Não se trata de destroçar o núcleo, mas apenas de corroer a superfície e as bordas" (*Da guerra*).

85

Os enunciados que precedem querem introduzir a uma época cada vez mais ameaçada de forma tangível pela inundação em massa da realidade. A ética da guerra civil que aqui se exprimiu um dia recebeu o nome de "Comitê Invisível". É a assinatura de uma fração determinada do Partido Imaginário, seu polo revolucionário-experimental. Por meio destas linhas, esperamos evitar as mais vulgares inaptidões que possam ser proferidas tanto acerca de nossas atividades quanto sobre o período que se inicia. Já não podemos ouvir toda a previsível tagarelice sobre a reputação do shogunato Tokugawa, alcançada no fim da era Muromachi e em face da qual um de nossos inimigos corretamente observou: "Por meio de sua própria agitação, na inflação das pretensões ilegítimas, essa época de guerras civis se revelaria a mais livre que o Japão jamais conhecera. Um monte de gente de todos os tipos se deixava deslumbrar. É por isso que se insistirá tanto sobre o fato de que apenas foi a mais violenta"?

Os vencedores haviam vencido sem pena: eles haviam tomado uma vila que se livrava de seus deuses.

Hoje, dentre os insurgentes de então, ninguém

se lembra do que aconteceu exatamente no começo. À guisa de resposta, alguns têm uma lenda, mas a maioria apenas diz "Cada um é um começo".

Isso começou no coração das metrópoles de outrora. Reinava uma sorte de agitação congelada, com picos culminantes nos quais todos se apressavam, de preferência a bordo de uma pequena caixa metálica chamada "automóvel".

Assim começou, com encontros sem assunto, encontros silenciosos de máscaras, à margem da ocupação geral.

Uma impressão de grande inoperosidade emanava desses pequenos grupos de homens mascarados, que jogavam xadrez e outros jogos mais enigmáticos, que carregavam consigo mensagens sibilinas, que distribuíam sem uma palavra textos petrificantes; mas era uma inoperosidade plena, habitada, inquietante, ainda que discreta.

Foi necessário acontecer um dia, em algum lugar, um primeiro desses encontros. Mas este aconteceu muito rapidamente, a ponto que a lembrança dele se afogou em seu nome. Alega-se que isso tenha acontecido em Lutécia num dia de carnaval. E, depois disso, o carnaval jamais acabou.

Primeiro, fugia-se da polícia. Mas logo foi necessário

desistir disso: mal se dispersava um desses estranhos aglomerados de gente, outro se formava mais uma vez, na sequência. Parecia que estes se multiplicavam a cada prisão. Era como se os homens fossem imperceptivelmente vencidos, contaminados pelo silêncio e pelo jogo, pelo anonimato e pela inoperosidade.

Era primavera e havia tantos desses encontros que eles se puseram a circular, vagando de lugar em lugar, de rua em rua, de cruzamento em cruzamento. Havia alegria, desenvoltura e uma curiosa determinação nas marchas errantes. Uma secreta convergência parecia guiá-las. Quando a noite chegava, eles se concentravam em silêncio diante dos lugares de poder: sedes de jornais, governos, multinacionais, impérios midiáticos, bancos, ministérios, comissariados, prisões, ou seja, nada mais escapava a esse cerco mascarado.

Uma grande ameaça ao mesmo tempo de uma grande zombaria emanava dessas multidões de máscaras mudas com o olhar fixo para os vencedores entrincheirados. Certamente não houve aí engano, pois se denunciou rapidamente a conspiração de certo Comitê Invisível. Inclusive se falou de um perigo maior para a civilização, a democracia, a ordem e a economia. Mas, no interior de seus castelos, os vencedores ficavam com medo. Eles se sentiam cada vez mais solitários com sua vitória. Um mundo que, ainda ontem, parecia-lhes inteiramente conquistado, agora lhes escapava de forma incompreensível, ponto por ponto.

Assim, eles acabaram abrindo as portas de seus castelos, acreditando apaziguar uma ilusória Jacquerie, mostrando que não tinham nada a esconder. Mas ninguém ali entrou, a não ser inadvertidamente, pois das máscaras emanava um poder mais desejável do que o antigo. Os próprios vencedores, no mais, acabaram tomados por uma grande lassidão: desde então, ninguém sabe o que eles se tornaram.

Uma metafísica crítica poderia nascer como ciência dos dispositivos[1]

---

1. Esse texto constitui o ato fundador da Sociedade para o Desenvolvimento da Ciência Criminal (SASC). A SASC é uma associação com finalidades não lucrativas cuja vocação está em anonimamente recolher, classificar e difundir todos os saberes-poderes úteis às máquinas de guerra anti-imperiais (sasc@boum.org).

"As filosofias primeiras fornecem
ao poder suas estruturas formais.
De modo mais preciso, 'a metafísica'
designa esse dispositivo no qual o agir requer
um princípio com o qual se possa relacionar
as palavras, as coisas e as ações.
Na época do Giro, quando a presença
como identidade última vira à presença
como diferença irredutível,
o agir mostra-se sem princípio."

REINER SCHÜRMANN,
O que fazer no fim da metafísica?

De início, havia uma visão, em um dos andares dessas sinistras colmeias de vidro do setor terciário: a visão interminável, por meio do espaço panoptizado, de dezenas de corpos *sentados*, em fila, distribuídos segundo uma lógica modular; dezenas de corpos sem vida aparente, separados por delgadas paredes de vidro, teclando em seus computadores. Nessa visão, por sua vez, havia uma revelação do caráter brutalmente *político* dessa imobilização forçada dos corpos. E a evidência paradoxal dos corpos tanto mais imóveis quanto ativos, com funções mentais capturadas e mobilizadas, de tal modo que borbulham e respondem em tempo real às flutuações do fluxo informacional que passa pela tela. Tomemos essa visão – ou melhor, *o que nela encontramos* – e vamos fazer um passeio por uma exposição do MoMA, em Nova York, onde cibernéticos entusiastas, convertidos recentemente ao álibi artístico, resolveram apresentar ao público todos os dispositivos de neutralização e normalização por meio do trabalho que eles têm em mente para o futuro. A exposição se intitularia *Workspheres:* nela se exibiria como um iMac transforma o trabalho – que, em si mesmo, se tornou supérfluo e insuportável – em lazer, e como um ambiente "descontraído" prepara o Bloom mediano para suportar a existência mais desolada e, assim, maximiza seu rendimento social; ou como, para esse Bloom, desaparecerá toda disposição para a angústia quando SE tiver integrado todos os parâmetros de sua psicologia, hábitos e caráter em seu espaço de trabalho personalizado. Da conjunção dessas "visões" nasceria o sentimento de que finalmente SE conseguiu *produzir* o espírito, e, por sua vez, produzir o corpo como dejeto, massa inerte e volumosa, condição – mas, sobretudo, *obstáculo* – para o desenvolvimento de processos *puramente cerebrais*. A cadeira, o escritório, o computador: um dispositivo. Uma captura produtiva. Uma empresa metódica de atenuação de todas as formas-de-vida. Jünger já falava de uma "espiritualização do mundo", mas em um sentido que *não era necessariamente elogioso*.

Seria possível imaginar outra gênese. De início, haveria, dessa vez, um dissabor, um dissabor ligado à generalização dos artefatos de vigilância nas lojas, notadamente as portas antirroubo. Haveria uma ligeira angústia, quando se passa por elas, por saber se vai soar ou não, se o passante irá ser extraído do fluxo dos consumidores como "o cliente indesejável", como "o ladrão". Haveria, então, dessa vez, o dissabor – ou quem sabe o ressentimento? – por ter sido pego em algumas ocasiões, e a clara presciência de que os dispositivos há algum tempo começaram *a funcionar*. Ou, por exemplo, que essa tarefa de vigilância é cada vez mais exclusivamente confiada a uma massa de vigias que têm *olho*, por terem sido eles próprios os antigos ladrões. Vigias que são, em todos os seus gestos, *dispositivos sobre pernas*.

Imaginemos agora uma gênese, esta de todo improvável, para os mais incrédulos. O ponto de partida só poderia ser a questão da *determinidade*, do fato de que existe, de forma inexorável, a determinação; e que essa fatalidade pode, *por sua vez*, tomar o sentido de uma temível liberdade de jogo com as determinações. De uma subversão inflacionista do controle cibernético.

No início, não haveria nada, finalmente. Nada senão a recusa de jogar inocentemente qualquer dos jogos que SE previu para nos persuadir.

E, quem sabe?, o desejo

FEROZ

de criar alguns deles

vertiginosos.

I

Em que exatamente consiste a *Teoria do Bloom?* Ela é uma tentativa de *historicizar* a presença, de tomar nota, para começar, do estado atual de nosso ser-no--mundo. Outras tentativas do gênero precederam a *Teoria do Bloom*, sendo a mais notável, depois de *Os conceitos fundamentais da metafísica*, de Heidegger, certamente *O mundo mágico*, de Ernesto De Martino. Sessenta anos antes da *Teoria do Bloom*, o antropólogo italiano oferecia uma contribuição, até hoje inigualável, da história da presença. Mas enquanto filósofos e antropólogos aí *chegam*, isto é, à constatação do lugar onde nós somos com o mundo, à constatação de nosso próprio colapso, nós, que concordamos com isso, daí *partimos*.

Sendo nisso um homem de sua época, De Martino parece crer em toda fábula moderna do sujeito clássico, do mundo objetivo etc. Assim, distingue entre duas épocas da presença, a que corre no "mundo mágico", primitivo, e a do "homem moderno". Todo o mal-entendido ocidental em relação à magia e, de modo mais genérico, às sociedades tradicionais, resume De Martino, deve-se ao fato de que pretendemos compreendê-las desde fora, a partir do pressuposto moderno de uma presença adquirida, de um ser-no-mundo assegurado, apoiado em uma clara distinção entre o eu e o mundo. No universo tradicional-mágico, a fronteira que constitui o sujeito moderno como um substrato sólido, estável, seguro de seu ser-aí, diante do qual se estende um mundo forrado de objetividade, conforma ainda um problema. Nesse universo, essa fronteira deve ser conquistada, fixada; a presença humana é assim constantemente ameaçada, sentindo-se em perpétuo perigo. E, assim, essa labilidade coloca a presença humana à mercê de qualquer percepção violenta, de qualquer situação saturada de afetos, de qualquer acontecimento inassimilável. Em casos extremos, conhecidos por diversos nomes nas civilizações primitivas, o ser-aí é totalmente devorado pelo mundo, por uma emoção ou uma percepção. É o que os malaios chamam de *latah*; os tungúsicos, de *olon*; certos melanésios, de *atai*; e que, entre os malaios, está relacionado com o *amok*. Nesses estados, a presença singular se afunda completamente, entra em uma indistinção com os fenômenos e se desfaz em um simples eco, mecânico, do mundo que a rodeia. Desse modo, um *latah*, um corpo afetado de *latah*, coloca a mão sobre uma chama quando alguém apenas esboçou o gesto de fazê-lo ou, encontrando-se de repente cara a cara com um tigre em uma trilha, começa a imitá-lo furiosamente, possuído como está por essa percepção inesperada. Também são relatados casos de *olon* coletivo: durante o treinamento de um regimento cossaco por parte de um oficial russo, os homens do regimento, em vez de executar as ordens do coronel, começaram de repente a repeti-las em coro, e, quanto mais o oficial se irritava e os injuriava pela recusa em obedecer, mais eles devolviam os insultos e imitavam sua irritação. De Martino caracteriza desse modo o *latah*, usando suas categorias aproximativas: "A presença tende a permanecer polarizada sobre certo conteúdo, ela não consegue ir para além deste e, por conseguinte, desaparece e abdica enquanto presença. Há um colapso da distinção entre presença e mundo que se faz presente."

Assim, há para De Martino um "drama existencial", um "drama histórico do mundo mágico", que é um drama da presença; e o conjunto de crenças, técnicas e instituições mágicas está aí para responder a tal situação: para salvar, proteger ou restaurar a presença diminuída. Portanto, esse conjunto é dotado de uma eficácia própria, de uma objetividade inacessível ao sujeito clássico. Uma das maneiras que os indígenas de Mota têm para vencer a crise da presença provocada por alguma reação emocional intensa consiste em associar aquele que a sofreu com a coisa que a ocasionou ou algo que a represente. Durante uma cerimônia, a coisa será declarada *atai*. O xamã instituirá uma comunidade de destino entre esses dois *corpos* que serão, a partir de então, indissolúvel e ritualmente ligados, a tal ponto que *atai* significa simplesmente alma no idioma indígena. "A presença que corre o risco de perder todo horizonte se reconquista ao ligar a própria unidade problemática à unidade problemática da coisa", conclui De Martino. A prática banal de inventar um *alter ego* objetual é a que os ocidentais recobriram com o termo "fetichismo", recusando-se a compreender que, por meio da magia, o homem "primitivo" se recompõe, readquire para si uma presença. Reencenando o drama de sua presença em dissolução, dessa vez acompanhado e apoiado pelo xamã – no transe, por exemplo –, coloca em cena essa dissolução de tal modo que volta a ser seu mestre. O que o homem moderno reprova tão amargamente no "primitivo", depois de tudo, não é tanto sua prática da magia, mas a audácia que tem para se outorgar um direito julgado obsceno: o de *evocar* a fraqueza da presença e, assim, de torná-la *participável*. Porque os "primitivos" conseguiram os *meios* para superar esse tipo de abandono cujas imagens para nós mais familiares são o moderninho sem seu celular, a família pequeno-burguesa sem televisão, o automobilista com o carro quebrado, o executivo sem escritório, o intelectual sem a palavra ou a mocinha sem sua bolsa.

Mas De Martino comete um erro imenso, um erro de fundo, sem dúvida inerente a *toda antropologia*. De Martino desconhece a amplitude do conceito de presença, ele ainda o concebe como um *atributo do sujeito humano*, aquele que leva inevitavelmente a opor a presença ao "mundo que se torna presente". A diferença entre o homem moderno e o primitivo não consiste, como diz De Martino, no fato de que o segundo se encontraria *em falta* em relação ao primeiro, por não ter ainda adquirido a segurança deste. Ao contrário, ela consiste no fato de que o "primitivo" demonstra uma maior abertura, uma maior *atenção* à VINDA À PRESENÇA DOS ENTES, e, portanto, a contragolpe, uma maior vulnerabilidade às flutuações da presença. O homem moderno, o sujeito clássico, não é um salto para fora do primitivo, ele é apenas um primitivo que se tornou indiferente ao acontecimento dos seres, que não sabe mais acompanhar a vinda à presença das coisas, que é *pobre de mundo*. De fato, toda a obra de De Martino é atravessada por um amor infeliz pelo sujeito clássico. Infeliz, porque De Martino tem, como Pierre Janet, uma compreensão demasiado íntima do mundo mágico, uma sensibilidade muito rara ao Bloom, como para não provar, secretamente, todos seus efeitos. O fato é que, quando se é um homem na Itália dos anos 1940, é certo que se tenha, sobretudo, interesse por calar essa sensibilidade e por confessar uma paixão desenfreada pela plasticidade majestosa e já *perfeitamente kitsch* do sujeito clássico. Assim, De Martino fica acuado na postura cômica de denunciar o erro metodológico de querer apreender o mundo mágico desde o ponto de vista de uma presença assegurada, ao mesmo tempo em que conserva esta como horizonte de referência. Em última instância, faz sua a utopia moderna de uma objetividade pura de toda subjetividade e de uma subjetividade isenta de toda objetividade.

Na realidade, a presença é tão pouco um atributo do sujeito humano que ela é o que *se dá*. "O fenômeno a ser considerado, aqui, não é nem o simples ente nem seu modo de estar presente, mas o ingresso na presença; ingresso sempre novo, qualquer que seja o dispositivo histórico no qual apareça o dado"

(Reiner Schürmann, *O princípio da anarquia*). Assim se define o *ek-stasis* ontológico do ser-aí humano, seu copertencimento *a cada situação vivida*. A presença em si mesma é INUMANA. Inumanidade que triunfa na crise da presença, quando o ente se impõe em toda sua acachapante insistência. A doação da presença, então, não pode mais ser acolhida; isto é, toda forma--de-vida, toda forma de *acolher* essa doação, se dissipa. O que há de ser historicizado não é o progresso da presença em direção à estabilidade final, mas as diferentes maneiras pelas quais esta se dá, as diferentes *economias da presença*. E, se hoje há, na era do Bloom, uma crise generalizada da presença, isso acontece apenas em virtude da generalidade da presença, da generalidade da economia em crise: A ECONOMIA OCIDENTAL, MODERNA, HEGEMÔNICA DA PRESENÇA CONSTANTE. Economia que tem como característica própria a denegação da própria possibilidade de sua crise por meio da chantagem do sujeito clássico, regente e medida de todas as coisas. O Bloom aponta de modo historial o fim da efetividade social-mágica dessa chantagem, dessa fábula. A crise da presença entra novamente no horizonte da existência humana, mas a ela não SE responde da mesma forma como no mundo tradicional, não SE a reconhece como tal.

Na era do Bloom, a crise da presença se torna crônica e se objetiva em uma imensa acumulação de *dispositivos*. Cada dispositivo funciona como uma prótese *ek*-sistencial que SE administra ao Bloom para permitir-lhe sobreviver na crise da presença sem que a perceba, para que nela permaneça dia após dia sem sucumbir – um celular, um psicólogo, um amante, um sedativo ou um cinema conformam espécies de muletas bastante convenientes, desde que se possa mudá-las de vez em quando. Considerados de modo singular, os dispositivos são as fortalezas erigidas contra o acontecimento das coisas; tomados em massa, são o gelo seco que SE espalha sobre o fato de que cada coisa, em sua vinda à presença, carrega consigo um mundo. O objetivo: manter a todo custo a economia dominante mediante a gestão autoritária, em todo lugar, da crise da presença; instalar planetariamente um *presente* contra o livre jogo das vindas à presença. Em poucas palavras: O MUNDO SE ENRIJECE.

Desde que o Bloom se insinuou no coração da civilização, tudo SE fez para isolá-lo, para neutralizá-lo. Com frequência e já em tom biopoliticamente forte, ele foi tratado como uma enfermidade: primeiro, foi chamado *psicastenia*, com Janet, e logo de *esquizofrenia*. Hoje, prefere-SE falar de *depressão*. As qualificações mudam, é certo, mas a manobra é sempre a mesma: reduzir as manifestações demasiado extremas do Bloom a puros "problemas subjetivos". Circunscrevendo-o como doença, SE a individualiza, SE a localiza, SE a reprime de tal modo que *já não pode ser assumido coletivamente*, comumente. Observando-se bem, a biopolítica nunca teve outro propósito: garantir que nunca se constituam mundos, técnicas, dramatizações partilhadas, *magias* no seio das quais a crise da presença possa ser vencida, assumida, possa tornar-se um centro de energia, uma máquina de guerra. A ruptura de toda transmissão da experiência, a ruptura da tradição histórica está aí, selvagemente mantida, para assegurar que o Bloom esteja sempre entregue, remetido a "si mesmo", a seu próprio e solitário escárnio, à sua sufocante e mítica "liberdade". *Existe todo um monopólio biopolítico dos remédios para a presença em crise, que está sempre pronto para defender-se com a violência mais extrema.*

A política que desafia esse monopólio toma como ponto de partida e como centro de energia a crise da presença: o Bloom. Nós qualificaremos essa política de *extática*. Seu propósito não é resgatar a presença humana em dissolução de modo abstrato, a golpes de re/presentações, mas elaborar magias participáveis, técnicas de habitação não tanto de um território, mas de um *mundo*. E é essa elaboração, a do jogo entre as diferentes economias da presença, entre as diferentes formas-de-vida, que exige a subversão e *liquidação* de todos os dispositivos.

Para aqueles que ainda reclamam uma teoria do sujeito, como o último adiamento oferecido à sua passividade, seria melhor compreender que, na era do Bloom, *uma teoria do sujeito só possível como teoria dos dispositivos.*

II

Durante muito tempo acreditei que o que distinguia a teoria da – suponhamos – literatura era sua impaciência em transmitir conteúdos, sua vocação em se *fazer* compreender. Isso especifica, de maneira efetiva, a teoria como a única forma de escritura *que não é uma prática*. Daí o infinito impulso da teoria, que pode dizer o que quer que seja sem que isso jamais tenha alguma consequência; para os corpos, evidentemente. Veremos muito bem que nossos textos não são nem teoria nem sua negação, mas apenas *outra coisa*.

Qual é o dispositivo perfeito, o dispositivo-modelo a partir do qual não poderia restar nenhum mal-entendido sobre a própria noção de dispositivo? Parece-me que o dispositivo perfeito é a AUTOPISTA.[2] Aí, *o máximo da circulação coincide com o máximo do controle*. Nada se move nela que não seja incontestavelmente "livre" e, ao mesmo tempo, registrado,

2. Ainda que autopista não seja muito comum em português, optamos por manter o termo, haja vista que os autores fazem uma diferenciação entre *autoroute* e *nationales*, pois as *autoroutes* são vias terceirizadas e administradas por concessionárias. No Brasil, algumas concessionárias também optam por utilizar o termo *autopista*. [N.T.]

identificado e individualizado em um registro exaustivo de matrículas. Organizado em rede, dotado de seus próprios pontos de abastecimento, polícia própria, espaços autônomos neutros, vazios e abstratos, o sistema de autopistas representa diretamente o território como marcado por linhas através da paisagem; uma heterotopia, a heterotopia cibernética. Nele, tudo foi cuidadosamente parametrizado para que *nada aconteça*, jamais. O fluxo indiferenciado do cotidiano só é avaliado pela série estatística, prevista e previsível, dos *acidentes*, sobre os quais somos mantidos muito mais informados do que somos testemunhas, e que não são, portanto, vividos como acontecimentos, como *mortes*, mas como uma perturbação passageira cujos traços serão apagados na hora. No mais, como nos lembram os agentes de segurança das rodovias, morre-SE muito menos nas autopistas do que nas rodovias nacionais; e são apenas os cadáveres dos animais atropelados, que se fazem notar pelo ligeiro desvio que induzem na direção dos carros, os que nos lembram o que quer dizer PRETENDER *VIVER AÍ ONDE OS OUTROS PASSAM*. Cada átomo do fluxo molecularizado, cada uma das mônadas impermeáveis do dispositivo não tem nenhuma necessidade de que lhe seja lembrado que o *fluir* está dentro de seus interesses. A autopista é toda feita, com suas largas curvas e sua uniformidade calculada e assinalada, para reduzir todas as *condutas* a uma só: a zero surpresa, prudente e mansa, finalizada em um lugar de chegada e toda feita em uma velocidade média regular. Apesar disso, há um ligeiro sentimento de ausência, de uma ponta a outra do trajeto, como se a única forma de permanecer em um dispositivo fosse levando em conta a perspectiva de sair dele sem jamais verdadeiramente ter estado *nele*. Por fim, o puro espaço da autopista expressa a abstração de todo *lugar* mais do que de toda distância. Em parte alguma, realizou-se de modo tão perfeito a substituição dos lugares por seu *nome*, por sua *redução* nominalista. Em parte alguma, a separação foi tão móvel, convincente e, armada de uma linguagem, a sinalização das rodovias, menos suscetível de subversão. A autopista, portanto, como utopia *concreta* do Império cibernético. E pensar que há quem tenha ouvido falar de "autopistas de informação" sem aí pressentir a promessa de um controle policialesco total...

O metrô, a rede *metropolitana*, é outro tipo, subterrâneo dessa vez, de megadispositivo. Tendo em vista a paixão policiesca que desde Vichy jamais deixou a

RATP,[3] não há dúvidas de que certa consciência desse fato se insinuou em todos os seus pisos e mesmo em seus mezaninos. Era assim que se podia ler há alguns anos, nos corredores do metrô parisiense, uma longa comunicação da RATP, adornada com um leão que ostentava uma pose real. O título da notícia, escrito em caracteres tão grandes como extraordinários, estipulava: "O SENHOR DOS LUGARES É AQUELE QUE OS ORGANIZA". Quem se dignava a parar e ler era informado da intransigência com a qual a companhia do metrô estava disposta a defender o monopólio e a gestão de seu dispositivo. A partir de então, parece que o *Weltgeist* fez progressos entre os seguidores do serviço de Comunicação da RATP, já que todas as suas campanhas foram, a partir desse momento, assinadas "RATP, o espírito livre". O "espírito livre" – fortuna singular para uma fórmula que passou de Voltaire aos anúncios publicitários, dos novos serviços bancários a Nietzsche –, *ter* o espírito livre mais do que *ser* um espírito livre: eis o que exige o Bloom ávido por bloomificação. *Ter o espírito livre*, isto é, o dispositivo se encarrega daqueles que a ele se submetem. Sem

---

3. Abreviação de Régie Autonome des Transports Parisiens, a empresa pública responsável pelos transportes na região de Paris. [N.T.]

dúvidas, existe uma comodidade que se vincula a isso, que consiste em poder esquecer, até segunda ordem, que se está no mundo.

Em cada dispositivo, há uma decisão que se esconde. Os gentis cibernéticos do CNRS[4] contornam isso da seguinte maneira: "O dispositivo pode ser definido como a concretização de uma intenção mediante a construção de ambientes planejados" (*Hermès*, n. 25). O *fluxo* é necessário para a manutenção do dispositivo, pois é atrás dele que essa decisão se esconde. "Nada é mais fundamental para a sobrevivência do shopping do que o fluxo regular de clientes e produtos", observam os canalhas do *Harvard Project on the City*. Mas assegurar a permanência e a direção do fluxo molecularizado, reconectar entre eles os diferentes dispositivos, exige um princípio de equivalência, um princípio *dinâmico* distinto da norma em curso em cada dispositivo. Esse princípio de equivalência é a mercadoria. A mercadoria, isto é, o *dinheiro* como o que individualiza e separa todos os átomos sociais, colocando-os sozinhos diante de suas contas bancárias como o cristão estava diante de seu

---

4. Abreviação de Centre National de la Recherche Scientifique, a maior agência governamental para a pesquisa científica da Europa. [N.T.]

Deus; o dinheiro que nos permite ao mesmo tempo entrar continuamente em todos os dispositivos e, a cada entrada, registrar um *rastro* de nossa posição, de nossa passagem. A mercadoria, ou seja, o *trabalho* que permite conter o maior número de corpos em um número particular de dispositivos padronizados, forçá-los a passar por eles e aí *permanecer*, cada um organizando sua própria rastreabilidade por meio do *curriculum vitae* – não é verdade, no mais, que hoje em dia trabalhar não consiste tanto em *fazer* algo, mas em *ser* algo e, assim, estar *disponível?* Ou seja, a mercadoria, o *reconhecimento* graças ao qual cada um autogerencia sua submissão à polícia das qualidades e mantém com outros corpos uma distância prestidigitadora, grande o suficiente para neutralizar-se, mas não tanto a ponto de excluir-se da valorização social. Guiado assim pela mercadoria, o fluxo dos Bloom impõe com doçura a necessidade do dispositivo que os envolve. Todo um mundo fossilizado sobrevive nessa arquitetura que não tem mais necessidade de celebrar o poder soberano, *uma vez que ela própria já é o poder soberano:* basta-lhe configurar o espaço, a crise da presença faz o resto.

No Império, as formas clássicas do capitalismo sobrevivem, mas como formas vazias, como puros veículos a serviço da manutenção dos dispositivos. Sua persistência não deve nos enganar: já não repousam em si mesmas, mas se tornaram função de outra coisa. A PARTIR DE AGORA, O MOMENTO POLÍTICO DOMINA O MOMENTO ECONÔMICO. A questão suprema já não é a extração da mais-valia, mas o *Controle*. O nível de extração da mais-valia não indica mais do que o nível do Controle, este que localmente é sua condição. O Capital não é mais que um *meio* a serviço do Controle generalizado. E, se ainda há um imperialismo da mercadoria, é antes de tudo como imperialismo dos dispositivos que ele se faz sentir; imperialismo que responde a uma necessidade: a da NORMALIZAÇÃO TRANSITIVA DE TODAS AS SITUAÇÕES. Trata-se de estender a circulação *entre* os dispositivos, porque é ela quem forma o melhor vetor da rastreabilidade universal e da *ordem dos fluxos*. Aqui também os gentis cibernéticos têm a arte da fórmula: "Em geral, o indivíduo autônomo, concebido como portador de uma intencionalidade própria, mostra-se como a figura central do dispositivo. [...] Já não se orienta o indivíduo, mas é o indivíduo que se orienta no dispositivo."

Não há nada de misterioso nas razões por meio das quais os Bloom se submetem de modo tão massivo aos dispositivos. Porque, certos dias, no supermercado, não furto nada; seja porque eu me sinto demasiado fraco, seja porque estou preguiçoso: não furtar nada é uma comodidade. Não furtar é fundir-se absolutamente no dispositivo, conformar-se com ele para não ter que sustentar a relação de força que o sustenta: a relação de força entre um corpo e o agregado composto dos empregados, do vigia e, eventualmente, da polícia. Furtar me força a uma presença, a uma atenção, a um nível de exposição de minha superfície corporal, à qual, em certos dias, não posso recorrer. Furtar me força a *pensar minha situação*. E, algumas vezes, eu não tenho energia para isso. Tão logo pago, pago para ser dispensado da própria experiência do dispositivo em sua realidade hostil. De fato, aquilo que adquiro é um *direito à ausência*.

III

> "O que pode ser mostrado não pode ser dito."
>
> WITTGENSTEIN

> "O dizer não é o dito."
>
> HEIDEGGER

Há uma abordagem materialista da linguagem que parte do fato de que o que percebemos jamais é separável do que sabemos. A *Gestalt* há muito mostrou como, frente a uma imagem confusa, o fato de que nos seja dito que essa imagem representa um homem sentado numa cadeira ou uma caixa de conserva aberta e pela metade é suficiente para fazer aparecer tanto uma quanto outra. As reações nervosas de um corpo e, certamente por isso, seu metabolismo são estreitamente ligados ao conjunto de suas representações, se é que desse conjunto já não dependem diretamente. É preciso que isso seja admitido para estabelecer não tanto o valor quanto a *significação vital* de cada metafísica, sua incidência em termos de forma-de-vida.

Imaginemos, depois disso, uma civilização cuja gramática levaria em seu centro, notadamente no emprego do verbo mais corrente de seu vocabulário, uma sorte de vício, uma falha tal que tudo seria percebido segundo uma perspectiva não apenas falsificada, mas, na maioria das vezes, *mórbida*. Imaginemos o que ocorreria, então, com a fisiologia comum de seus usuários, com as patologias mentais e relacionais, com a diminuição vital a que estes estariam expostos. Essa civilização, por certo, seria inabitável e produziria apenas, em qualquer lugar por onde se estendesse, desastre e desolação. Essa civilização é a civilização ocidental, esse verbo é obviamente o verbo *ser*. Isto é, o verbo *ser* não em seu emprego auxiliar ou relativo à existência, que é relativamente inofensivo, mas em seu emprego de atribuição – esta rosa *é* vermelha – e no seu emprego de identidade – a rosa *é* uma flor –, que autorizam as mais puras falsificações. No enunciado "esta rosa é vermelha", por exemplo, empresto ao sujeito "rosa" um predicado que não é seu, que, antes, é um predicado de *minha percepção:* sou eu, que não sou daltônico, que sou "normal", que percebo esse comprimento de onda como "vermelho". Dizer "eu percebo a rosa como vermelha" já seria menos capcioso. Já o enunciado "a rosa é uma flor" permite que eu me apague oportunamente atrás da operação de classificação que *eu* faço. Seria mais conveniente dizer "eu classifico esta rosa entre as flores" – esta que é a formulação comum entre as línguas eslavas. Em seguida, sem dúvida fica evidente que os efeitos do *é* de identidade têm um alcance emocional de todo distinto, uma vez que permitem dizer sobre um homem que tem a pele branca, "é um branco"; de alguém que tem dinheiro, "é um rico"; ou de uma mulher que se comporta mais livremente, "é uma puta". Aqui, de forma alguma, é o caso de se denunciar a suposta "violência" de tais enunciados e, assim, preparar o surgimento de uma nova polícia da língua, de uma *political correctness* ampliada, que esperaria que cada frase levasse consigo sua própria garantia de cientificidade. Trata-se, isso sim, de saber o que se faz, o que SE *nos* faz quando falamos; e de saber isso *juntos*.

Korzybski qualifica a lógica subjacente a esses empregos do verbo *ser* de *aristotélica;* nós a chamaremos simplesmente de "a metafísica" – e, de fato, não estamos distantes de pensar, como Schürmann, que "a cultura metafísica em seu conjunto revela-se uma universalização da operação sintática que é a atribuição predicativa". O que se joga na metafísica e notadamente na hegemonia social do *é* de identidade é tanto a negação do devir como a do *acontecimento* das coisas e dos seres – "Estou cansado? Isso, desde já, não quer dizer grande coisa. Já que meu cansaço não é meu, não sou eu quem está cansado. 'Há o cansaço.' Minha fadiga se inscreve no mundo sob a forma de uma consistência objetiva, de uma suave espessura das próprias coisas, do sol e da rua que se sobe, do pó e das pedras" (Deleuze, *Dizeres e perfis*, 1947). No lugar do acontecimento – "há o cansaço" –, a gramática metafísica nos forçará a dizer um sujeito para depois a ele referir seu predicado: "eu estou cansado" – o planejamento de uma posição de afastamento, de elipse do ser-em-situação, de apagamento da forma-de-vida que se enuncia por trás de seu enunciado, por trás da pseudossimetria autárquica da relação sujeito-predicado. É sobre a justificação desse escamoteio que, naturalmente, se abre a *Fenomenologia do espírito*, pedra angular da repressão ocidental da determinidade e das formas-de-vida, verdadeira propedêutica para toda ausência futura. "À questão *o que é o agora?*, escreve o chefe Bloom, respondemos, por exemplo: *o agora é a noite*. Para examinar a verdade dessa certeza sensível, uma simples experiência é suficiente. Escrevamos esta verdade; uma verdade não perde nada ao ser escrita e muito menos por ser conservada. Mas, se voltamos agora, ao meio-dia, a esta verdade escrita, deveremos dizer que ela se tornou obsoleta." O grosseiro passe de mágica consiste aqui em reduzir, sem o mostrar, a enunciação ao enunciado, em postular a equivalência do enunciado feito por um corpo numa situação, do enunciado *como acontecimento*, ao enunciado objetivado ou escrito, que perdura *como rastro* na indiferença a toda situação. De um a outro, é o tempo, é a *presença*, que cai na armadilha. Em seu último escrito, cujo título soa como uma espécie de resposta ao primeiro capítulo da *Fenomenologia do espírito*, "Sobre a certeza", Wittgenstein aprofunda a questão. Trata-se do parágrafo 588: "Ao empregar as palavras 'Eu sei que é um...', não digo que me encontro em certo estado, enquanto a simples asseveração 'Isto é...' não o diz? Apesar disso, sempre podemos responder diante de uma afirmação desse gênero: 'Como você sabe?' – 'De fato, por esta única razão: o fato de que eu o afirme dá a conhecer que eu creio saber.' – Poderia expressar-se assim: em um zoológico, poderíamos afixar o cartaz 'Esta é uma zebra', mas não o cartaz 'Eu sei que é uma zebra'. 'Eu sei' só tem sentido quando sai da boca de uma pessoa."

O poder que se fez herdeiro de toda a metafísica ocidental, o Império, extrai desta toda sua força, mas também a imensidão de suas fraquezas.

A abundância dos artefatos de controle e de equipamentos de vigilância contínua que recobriram o globo, justamente pelo excesso, delata o excesso de sua cegueira. A mobilização de todas essas "inteligências", que esse poder se vangloria de ter em suas fileiras, apenas confirma a evidência de sua estupidez. É impressionante ver, ano após ano, como os seres deslizam cada vez mais entre seus predicados, entre todas as identidades que SE lhes dá. Com total segurança, o Bloom progride. Todas as coisas tornam-se indistintas. Tem-SE cada vez mais dificuldade para se fazer daquele que pensa "um intelectual"; daquele que trabalha, "um assalariado"; daquele que mata, "um assassino"; daquele que milita, "um militante". A linguagem formalizada, aritmética da norma, não funciona sobre nenhuma distinção substancial. Os corpos já não se deixam reduzir às qualidades que SE lhes quis atribuir. Eles se recusam a *incorporá-las*. Fluem em silêncio. O reconhecimento, que nomeia *certa distância entre os corpos*, encontra-se transbordado por todos os lados. Já não pode dar conta do que acontece, justamente, *entre os corpos*. É preciso cada vez mais dispositivos: para estabilizar a relação entre os predicados e os "sujeitos" que lhes escapam de forma obstinada; frustrar a criação difusa de relações assimétricas, perversas e complexas entre tais predicados; produzir informação; produzir o real *como informação*. É evidente que os intervalos medidos pela norma e a partir dos quais SE individualiza-distribui os corpos não são mais suficientes para a manutenção da ordem; é preciso, por outro lado, fazer reinar o terror, o terror de se distanciar *demasiado* da norma. Trata-se de toda uma polícia inédita das qualidades e de toda uma ruinosa rede de microvigilância, de microvigilância de todos os instantes e de todos os espaços, para que se possa garantir a estabilidade artificial de um mundo em implosão. Obter o autocontrole de cada um exige um adensamento inédito. Uma difusão massiva de dispositivos de controle sempre mais integrados, sempre mais hipócritas. "O dispositivo: uma ajuda às identidades em crise", escrevem os canalhas do CNRS. Mas, o que quer que SE faça para garantir a morna linearidade da relação sujeito-predicado, para submeter todo ser à sua representação, a despeito de seu descolamento historial, a despeito *do Bloom*, não serve para nada. Os dispositivos podem muito bem fixar, conservar as economias obsoletas da presença, fazê-las persistir para além de seu acontecimento, mas são impotentes para fazer cessar *o cerco dos fenômenos*, que cedo ou tarde acabarão por afundá-los. Por ora, o fato de que não é o ente que, na maior parte do tempo, é portador das qualidades que nós lhe emprestamos, mas, antes, nossa percepção que se mostra cada vez mais claramente no fato de que nossa pobreza metafísica, a pobreza *de nossa arte de perceber*, nos faz experimentar tudo como sem qualidades, nos faz *produzir o mundo como desprovido de qualidades*. Nesse colapso historial, as próprias coisas, livres de toda relação, acabam cada vez mais insistentemente na presença.

De fato, é como *dispositivo* que nos aparece cada detalhe de um mundo que para nós se tornou estranho, precisamente, em cada um de seus detalhes.

IV

> "Nossa razão é a diferença dos discursos;
> nossa história, a diferença dos tempos;
> nosso eu, a diferença das máscaras."
> MICHEL FOUCAULT, *Arqueologia do saber.*

Pertence a um pensamento abruptamente maior *saber aquilo que faz, a que operações se dedica.* Não com vistas a chegar a alguma razão final, prudente e mensurada, mas, ao contrário, com a finalidade de *intensificar* o gozo dramático que se liga ao jogo da existência, em suas próprias fatalidades. A coisa é obscena. E devo dizer que, aonde quer que se vá, para qualquer meio que alguém se dirija, todo pensamento da *situação* é imediatamente entendido e conjurado como perversão. Para prevenir esse desagradável reflexo sempre há, é verdade, uma saída apresentável, que consiste em entregar esse pensamento a uma *crítica.* Na França, isso por certo é algo pelo qual SE é muito ávido. Ao desvelar-me como hostil àquilo cujo funcionamento e determinismos penetrei, coloco isso que quero aniquilar a salvo de mim mesmo, de *minha prática.* E é exatamente isso, a inocuidade, que SE espera de mim ao exortar-me a me declarar como crítico.

Por todos os lados, a liberdade de jogo que carrega a aquisição de um saber-poder consigo aterroriza. Esse terror, o terror do crime, o Império o destila infindavelmente entre os corpos, assegurando-se, assim, a conservação do monopólio dos saberes-poderes, isto é, por fim, o monopólio de *todos os poderes*. Dominação e Crítica desde sempre formam um dispositivo inconfessavelmente dirigido contra um *hostis* comum: o conspirador, aquele que age *de forma encoberta*, que usa tudo aquilo que SE lhe dá e o reconhece como uma *máscara*. O conspirador é odiado por todas as partes, mas jamais SE o odiará tanto quanto o *prazer* que ele retira de seu jogo. É seguro que certa dose daquilo que comumente chamamos "perversão" entre no prazer do conspirador, porque aquilo de que goza é, dentre outras coisas, sua opacidade. Mas essa não é a razão por meio da qual não SE cessa de impulsionar o conspirador a fazer-se crítico, a *subjetivar-se* como crítico, tampouco é a razão do ódio que SE mantém tão correntemente contra ele. Tola, essa razão é o *perigo* que ele encarna. Para o Império, o perigo são as máquinas de guerra: que um ou vários homens se transformem em máquinas de guerra, LIGANDO ORGANICAMENTE SEU GOSTO POR VIVER E SEU GOSTO POR DESTRUIR.

O moralismo de toda crítica não é, por sua vez, algo a criticar: para nós, basta conhecer a pouca inclinação que temos por aquilo que, em verdade, se trama nele: o amor exclusivo pelos afetos tristes; pela impotência; pela constrição; pelo desejo *de pagar*, de expiar, de ser castigado; pela paixão pelo processo; pelo ódio do mundo, da vida; pela pulsão gregária; pela espera do martírio. De fato, todo esse assunto da "consciência" jamais foi compreendido. Existe efetivamente uma *necessidade* da consciência que por nada é uma necessidade de "se elevar", mas uma necessidade de elevar, refinar e estimular *nosso gozo*, de multiplicar *nosso prazer*. Uma ciência dos dispositivos, uma metafísica crítica, portanto, é absolutamente necessária, mas não para cultivar alguma bela certeza por trás da qual poder apagar-se, e nem mesmo para *acrescentar* à vida o pensamento sobre ela, como também já se disse. Precisamos pensar nossa vida para *intensificá-la* de maneira dramática. Por que me importaria uma recusa que não é ao mesmo tempo um saber milimétrico da destruição? Por que me importaria um saber que não quer fazer crescer minha potência, isso que SE nomeia, de modo insidioso, "lucidez", por exemplo?

No que diz respeito aos dispositivos, à propensão vulgar do corpo *que ignora a alegria*, constituirá em reduzir a atual perspectiva revolucionária à de sua destruição imediata. Os dispositivos proporcionariam então uma espécie de bode expiatório objetivo sobre o qual todo mundo se colocaria de acordo de modo unívoco. E seria assim renovado o mais velho dos fantasmas modernos, o fantasma romântico que fecha *O lobo da estepe*: o de uma guerra dos homens contra as máquinas. Reduzida a isso, a perspectiva revolucionária não seria mais que, de novo, uma abstração frígida. *Ora, o processo revolucionário é um processo de crescimento geral da potência ou não é nada.* Seu Inferno é a experiência e a ciência dos dispositivos; seu Purgatório, a partilha dessa ciência e a fuga para fora dos dispositivos; seu Paraíso, a insurreição, a destruição dos dispositivos. E é preciso que *cada um* percorra essa divina comédia como uma experimentação sem retorno.

Mas, por ora, reina ainda de forma uniforme o terror pequeno-burguês da linguagem. De um lado, na esfera "do cotidiano", há a tendência de SE tomar as coisas por palavras, isto é, supostamente, *por aquilo que são* – "um gato é um gato", "um centavo é um centavo", "eu sou eu" –, e, por outro, tão logo SE subverte o cotidiano e a linguagem se desarticula para se converter em agente de desordem potencial na regularidade clínica do já conhecido, projeta-se a linguagem para muito longe, nas regiões nebulosas da "ideologia", da "metafísica", da "literatura" ou, mais correntemente, das "bobagens". No entanto, houve e haverá momentos insurrecionais nos quais, sob o efeito de uma negação flagrante do cotidiano, o sentido comum vence esse terror. E a gente então percebe que o que há de real nas palavras não é o que elas designam – um gato não é "um gato"; um centavo nunca é "um centavo"; eu já não sou "eu mesmo". *O que há de real na linguagem são as operações que ela efetua.* Descrever um ente como um *dispositivo* ou como sendo produzido por um dispositivo é uma prática de *desnaturalização* do mundo dado, uma operação de *colocar à distância* o que nos é familiar ou se quer como tal. E vocês sabem bem disso.

Colocar à distância o mundo dado, até aqui, foi o próprio da crítica. Somente a crítica acreditava que, feito isso, tudo estava resolvido. Pois, no fundo, a ela importava menos pôr o mundo à distância do que se colocar fora de seu alcance, justamente em alguma região nebulosa. Ela queria que se conhecesse sua hostilidade em relação ao mundo, sua transcendência inata. Queria que se a acreditasse, que se a supusesse em outro canto, em algum Grande Hotel do Abismo ou na República das Letras. O que a nós importa é exatamente o inverso. Impomos uma distância entre nós e o mundo não para dar a entender que estaríamos em outro canto, mas para *nele estar de outra forma*. A distância que introduzimos é o espaço de jogo do qual nossos gestos têm necessidade; nossos gestos que são engajamentos e desengajamentos, amor e exterminação, sabotagens e abandonos. O pensamento dos dispositivos, a metafísica crítica, vem assim como o que prolonga o gesto crítico desde há muito paralisado e que, ao prolongá-lo, *anula-o*. De modo particular, anula aquilo que, há mais de setenta anos, constitui o centro de energia de tudo o que o marxismo pode ainda conter de vivo, quero dizer, o famoso capítulo de *O Capital* sobre "o caráter fetiche da mercadoria e seu segredo". O quanto Marx fracassou ao pensar mais além do Iluminismo, o quanto sua *Contribuição à crítica da economia política* foi apenas, efetivamente, *uma crítica*, não aparece em parte alguma de maneira tão lamentável como nesses poucos parágrafos.

Marx lida com a noção de fetichismo a partir de 1842, por meio da leitura desse clássico do Iluminismo que é o *Do culto dos deuses fetiches*, do presidente de Brosses. Desde seu famoso artigo sobre os "furtos de madeira", Marx compara o ouro com um fetiche, apoiando a comparação em uma anedota retirada do livro de De Brosses. Este é o inventor histórico do conceito de fetichismo, que estendeu a interpretação iluminista de certos cultos africanos à totalidade das civilizações. Para ele, o fetichismo é o culto próprio dos "primitivos" em geral. "Tantos fatos similares ou do mesmo gênero estabelecem com a máxima clareza que, como é hoje a Religião dos Negros Africanos e outros Bárbaros, assim também era, em outros tempos, a dos povos antigos; e que em todos os tempos, como por toda a terra, viu-se a rejeição desse culto direto, tornado sem forma, às produções animais e vegetais." O que escandaliza mais os homens do Iluminismo, de modo especial Kant, no fetichismo é o modo de ver de um africano, o que Bosman, em *Viagem à Guiné* (1704), assim reporta: "Fazemos e desfazemos Deuses, e [...] somos os inventores e os mestres daquilo a que fazemos oferendas." Os fetiches são esses objetos ou seres, as *coisas*, em todo caso, às quais o "primitivo" se liga magicamente para restaurar uma presença que esse ou aquele fenômeno estranho, violento ou apenas inesperado faz vacilar. E, de modo efetivo, essa coisa pode ser qualquer coisa que o selvagem "diviniza de maneira direta", como o explica o *Aufklärer* emocionado, que ali vê apenas coisas e não a operação mágica de restauração da presença. E se ele não pode ver essa operação é porque *para ele, não mais do que para o "primitivo" – exceto o bruxo, é claro –, o vacilo da presença, a dissolução do eu não são assumidos;* a diferença entre o moderno e o primitivo consiste somente no fato de que o primeiro interditou para si o vacilo da presença, estabeleceu-se *na denegação existencial* de sua fragilidade, enquanto o segundo a admite com a condição de remediá-la por todos os meios. Daí a relação polêmica, tudo menos tranquila, do *Aufklärer* com o "mundo mágico", cuja simples *possibilidade* o enche de pavor. Daí também a invenção da "loucura" para aqueles que não podem se submeter a uma tão rude disciplina.

A posição de Marx, no primeiro capítulo de *O Capital*, não é diferente daquela do presidente de Brosses e é o gesto-tipo do *Aufklärer*, do crítico. "As mercadorias têm um segredo e eu o desmascaro. Vocês verão, não o manterão por muito tempo!" Nem Marx nem o marxismo jamais saíram da metafísica da subjetividade: é por isso que o feminismo ou a cibernética tiveram tão pouca dificuldade para se desfazer deles. Porque historicizou tudo, *salvo a presença humana*, porque estudou todas as economias, *salvo aquelas da presença*, Marx concebe o valor de troca como Charles de Brosses, no século XVIII, observava os cultos fetichistas entre os "primitivos". Ele não quer compreender *o que se joga* no fetichismo. Não vê por quais *dispositivos* SE faz existir a mercadoria enquanto mercadoria, de que forma material – por acumulação em *estoques* na fábrica; pela encenação individualizante dos *best-sellers* em uma loja, por trás de uma vitrine ou sobre uma propaganda; com a devastação de toda possibilidade de uso imediato assim como de toda intimidade com os lugares – SE produz os objetos *como objetos*, as mercadorias *como mercadorias*. Ele faz *como se* tudo isso, tudo o que diz respeito à experiência sensível, não tivesse nenhuma importância nesse famoso "caráter fetiche"; como se o plano da fenomenalidade que faz existir as mercadorias enquanto mercadorias não fosse ele mesmo *materialmente produzido*. Marx opõe sua incompreensão de sujeito-clássico-à-presença-assegurada, que vê "as mercadorias enquanto matérias, isto é, enquanto valores de uso", à cegueira geral efetivamente misteriosa dos explorados. Mesmo que ele perceba que é preciso que estes estejam, de um jeito ou de outro, imobilizados como espectadores da circulação das coisas para que suas relações entre si apareçam como relações entre coisas, ele não vê o caráter de *dispositivo* do modo de produção capitalista. Não quer ver o que ocorre, desde o ponto de vista do ser-no-mundo, entre esses "homens" e essas "coisas"; ele, que quer explicar a necessidade de tudo, não compreende a necessidade dessa "ilusão mística", sua ancoragem no vacilo da presença e na *repressão desta*. Só pode afastar esse fato remetendo-o ao obscurantismo, ao atraso teológico e religioso, à "metafísica". "Em geral, o reflexo religioso do mundo real só poderá desaparecer quando as condições do trabalho e da vida prática apresentarem ao homem relações transparentes e racionais com seus semelhantes e com a natureza." Encontramos aqui o ABC do catecismo do Iluminismo com aquilo que ele supõe de programático para o mundo *tal como se construiu desde então*. Uma vez que não é possível invocar sua própria relação com a presença – a modalidade singular de seu ser-no-mundo – nem aquilo em que se está engajado *hic et nunc*, apela-se inevitavelmente aos mesmos truques usados por seus ancestrais: confia-se em uma teleologia implacável que persegue a execução da sentença que se está pronunciando. Tanto o fracasso do marxismo como seu sucesso histórico estão absolutamente ligados à postura *clássica* do afastamento que autoriza; ao fato, por fim, de ter permanecido no seio da metafísica moderna da subjetividade. A primeira discussão que se tem com um marxista é suficiente para compreender a verdadeira razão de sua crença: o marxismo serve de muleta existencial para muita gente que tem medo de que seu mundo deixe de ser, por si só, evidente. Sob o pretexto de materialismo, com as vestes do mais ferrenho dogmatismo, o marxismo permite contrabandear a mais *vulgar* das metafísicas. É certo que, sem o aporte prático, *vital*, do blanquismo, o marxismo não teria realizado sozinho a "Revolução" de Outubro.

Para uma ciência dos dispositivos, não se trata de denunciar o fato de que estes *nos possuem*, de que teriam em si *algo mágico*. Sabemos muito bem que no volante de um automóvel é muito difícil que não nos comportemos como um motorista, e não temos nenhuma necessidade de explicação sobre como uma televisão, um Playstation ou um "ambiente planejado" nos condicionam. *Uma ciência dos dispositivos, uma metafísica crítica, antes, toma nota da crise da presença e se prepara para rivalizar com o capitalismo no terreno da magia.*

NÓS NÃO QUEREMOS NEM UM MATERIALISMO VULGAR NEM UM "MATERIALISMO ENCANTADO", O QUE ELABORAMOS É UM *MATERIALISMO DO ENCANTAMENTO*.

V

Uma ciência dos dispositivos só pode ser *local*. Só pode consistir na leitura regional, circunstancial e circunstanciada do funcionamento de um ou vários dispositivos. Nenhuma totalização pode ocorrer à revelia de seus cartógrafos, porque sua unidade não reside em uma sistematicidade extorquida, mas na questão que determina cada um de seus avanços, a questão "*como isso funciona?*".

A ciência dos dispositivos se encontra em uma relação de rivalidade direta com o monopólio imperial dos saberes-poderes. É por isso que sua partilha e sua comunicação, a circulação de suas descobertas, são essencialmente *ilegais*. Nisso ela se distingue da *bricolagem*, sendo o *bricoleur* aquele que só acumula saber sobre os dispositivos para melhor desenvolvê-los, para neles fazer seu nicho, que acumula os saberes sobre os dispositivos *que não são poderes*. Do ponto de vista dominante, por fim, o que chamamos de ciência dos dispositivos ou de metafísica crítica é apenas a ciência do crime. E aí, como em outras partes, não há iniciação que não seja imediatamente experimentação, prática. NUNCA SE ESTÁ INICIADO EM UM DISPOSITIVO, MAS APENAS EM UM FUNCIONAMENTO.

Sucessivamente, os três estágios sobre o caminho dessa singular ciência são: o crime, a opacidade e a insurreição. O crime corresponde ao momento do estudo, necessariamente individual, do funcionamento de um dispositivo. A opacidade é a condição da partilha, da comunização, da circulação dos saberes-poderes adquiridos no estudo. No Império, as zonas de opacidade onde a comunicação sobrevive são por natureza algo a tomar e a defender. Esse segundo estágio contém a exigência de uma coordenação mais ampla. Toda a atividade da sasc participa dessa fase opaca. O terceiro nível é a insurreição, o momento em que a circulação dos saberes-poderes e a cooperação das formas-de-vida em vistas da destruição-gozo dos dispositivos imperiais pode se fazer de forma livre, a céu aberto. Diante dessa perspectiva, este texto só pode ter um caráter de pura propedêutica, cruzando algum ponto entre silêncio e tautologia.

A necessidade de uma ciência dos dispositivos se faz sentir no momento em que os homens, os *corpos* humanos, acabam por se instar em um mundo completamente produzido. Poucos dentre aqueles que encontram qualquer coisa para repetir na miséria exorbitante que se queria nos impor já compreenderam, de verdade, o que quer dizer viver em um mundo *completamente produzido.* Em primeiro lugar, isso quer dizer que mesmo aquilo que, à primeira vista, nos parecera "autêntico" revela-se ao contato como produzido, isto é, como gozando de sua não produção conforme uma modalidade valorizável na produção geral. O que o Império realiza, tanto por parte da biopolítica quanto do Espetáculo – lembro-me de uma discussão com uma negriana de *Chimères*, uma velha bruxa de estilo gótico bastante simpático que sustentava como uma conquista indiscutível do feminismo e de sua radicalidade materialista o fato de que ela não havia *educado* seus dois filhos, mas que os havia *produzido* –, sem dúvida é uma interpretação metafísica do ente como ente *produzido* ou nada em absoluto; produzido, isto é, levado ao ser de maneira tal que sua criação e sua ostensão seriam uma única coisa. Ser produzido quer dizer sempre, *ao mesmo tempo*, ser criado e ser tornado visível. Entrar na presença, na metafísica ocidental, nunca foi distinto de entrar na visibilidade. Portanto, é inevitável que o Império que repousa sobre a histeria produtiva repouse também sobre a histeria *transparencial*. O mais seguro método para prevenir a livre vinda à presença das coisas ainda é provocá-las a todo instante, de modo tirânico.

Nosso aliado neste mundo abandonado ao mais feroz controle, entregue *aos dispositivos*, neste mundo que gira de maneira fanática em torno de uma gestão do visível que se quer gestão do Ser, é somente o Tempo. Nós temos, para nós, *o Tempo*. O tempo de nossa experiência; o tempo que conduz e dilacera nossas intensidades; o tempo que degringola, apodrece, destrói, deteriora e deforma; o tempo que é um abandono, que é o próprio elemento do abandono; o tempo que se condensa e se torna espesso num feixe de *momentos* em que toda unificação se encontra desafiada, arruinada, truncada e riscada em sua superfície pelos *próprios corpos*. NÓS TEMOS O TEMPO. E, quando não o temos, ainda podemos nos dá-lo. Dar-se o tempo, esta é a condição de todo estudo comunizável dos dispositivos. Assinalar as regularidades, os encadeamentos, as dissonâncias; cada dispositivo possui uma pequena música própria que é preciso desafinar ligeiramente, distorcer acidentalmente, fazer entrar em decadência, em perdição, fazer sair de seu prumo. Aqueles que *fluem* no dispositivo não se dão conta dessa música, seus passos obedecem em demasia à cadência para escutá-la em sua clareza. Para isso, é preciso partir de uma temporalidade outra, de uma ritmicidade própria para, passando pelo dispositivo, estar atento à *norma ambiente*. É a aprendizagem do ladrão, do criminoso: desafinar a marcha interior e a marcha exterior; desdobrar e folhar sua consciência; estar ao mesmo tempo móvel e parado, à procura e enganosamente distraído. Assumir a dissolução da presença no sentido de uma multiplicação simultânea e assincrônica das modalidades. Transformar a esquizofrenia imposta do autocontrole em instrumento ofensivo de conspiração. TORNAR-SE BRUXO. "Para parar a dissolução, há um caminho: ir deliberadamente ao limite de sua própria presença, assumir esse limite como objeto por vir de uma *práxis* definida; colocar-se no coração da limitação e fazer-se seu mestre; identificar, representar, evocar os 'espíritos', adquirir o poder de invocá-los à vontade e de aproveitar suas obras com fins a uma prática profissional. O bruxo segue precisamente esse caminho: transforma os momentos críticos do ser-no-mundo em uma decisão corajosa e dramática, a de situar-se no mundo. Considerado enquanto *dado*, seu ser-no-mundo corre o risco de se dissolver: ainda não há dado. Com a instituição da vocação e da iniciação, o mago assim desfaz esse dado para *refazê-lo* em um segundo nascimento; ele volta a descer ao limite de sua presença para restituir-se a si mesmo numa forma nova e mais delimitada: as técnicas próprias para favorecer a labilidade da presença, o próprio transe e os estados próximos exprimem justamente esse ser-*aí* que se desfaz para se refazer, que desce mais uma vez a seu *aí* para se encontrar em uma presença dramaticamente mantida e garantida. Além disso, o domínio ao qual chegou permite ao mago submergir não apenas em sua própria labilidade, mas também na de outros. O mago é aquele que sabe *ir além de si mesmo* não no sentido ideal, mas, de fato, no sentido existencial. Aquele para quem o ser-no--mundo se constitui enquanto problema e que tem o poder de procurar sua própria essência não é uma presença entre as outras, mas um ser-no-mundo que pode se tornar presente em todos os outros, decifrar seu drama existencial e influenciá-lo em seu curso." Esse é o ponto de partida do programa comunista.

O crime, de modo contrário ao que insinua a Justiça, nunca é um ato, um fato, mas uma *condição de existência*, uma modalidade da presença, comum a todos os agentes do Partido Imaginário. Para se convencer disso é preciso pensar na experiência do furto ou da fraude, formas elementares e das mais corriqueiras – HOJE EM DIA, TODO MUNDO FURTA – do crime. A experiência do furto é fenomenologicamente *distinta* dos supostos motivos que são considerados como o que nos "leva" a cometer um furto e que nós mesmos alegamos. O furto não é uma transgressão, a não ser do ponto de vista da representação: *é uma operação na presença*, uma reapropriação, uma reconquista *individual* desta, uma reconquista de si *como corpo no espaço*. O *como* do "furto" não tem nada a ver com seu fato aparente, legal. Esse *como* é a consciência *física* do espaço e do ambiente, do *dispositivo*, face ao qual me conduz o furto. É a extrema atenção do corpo fraudulento no metrô, alerta ao menor sinal que poderia assinalar uma patrulha de fiscais. É o conhecimento quase científico das condições em que opero o que exige a preparação de algum crime grandioso. Há toda uma incandescência do corpo, uma transformação deste em uma superfície de impacto ultrassensível que jaz no crime e que é sua verdadeira experiência. Quando furto, desdobro-me em uma presença aparente, evanescente, sem espessura, absolutamente qualquer e em uma segunda presença inteira, intensiva e interior desta vez, na qual se anima cada detalhe do dispositivo que me envolve, com suas câmeras, seu vigia, o *olhar* de seu vigia, as linhas de visão, os demais clientes. O furto, o crime, a fraude são as condições da existência solitária em guerra contra a bloomificação, contra a bloomificação pelos *dispositivos*. É a insubmissão própria ao corpo isolado, a resolução em sair, mesmo sozinho, mesmo de modo precário, por meio de um colocar-se em jogo voluntarista, de um estado particular de sideração, semissono, ausência a si, que faz o fundo da "vida" nos dispositivos. A questão, a partir daí, a partir dessa experiência *necessária*, é a de passar ao complô, à organização de uma verdadeira circulação da consciência ilegal, da ciência criminal. É essa passagem à dimensão coletiva que deve facilitar a SASC.

VI

O poder fala de "dispositivos": dispositivo Vigipirate,[5] dispositivo RMI,[6] dispositivo educativo, dispositivo de vigilância... Isso lhe permite dar a suas incursões o ar de precariedade tranquilizadora. Logo, uma vez que o tempo recobre a novidade de sua introdução, o dispositivo entra na "ordem das coisas" e, por sua vez, a precariedade daqueles cuja vida aí se desenrola é que se torna notável. Os vendidos que se expressam na revista *Hermès*, particularmente em seu número 25, não esperaram que lhes fosse demandado começar o trabalho de legitimação da dominação ao mesmo tempo discreta e massiva, capaz de conter e distribuir a implosão geral do social. "O social, dizem, busca novos modos reguladores capazes de afrontar essas dificuldades. O dispositivo aparece como uma das tentativas de resposta. Permite adaptar-se à flutuação enquanto a baliza. [...] Ele é o produto de uma nova

5. Trata-se do sistema nacional de alerta de segurança francês, criado em 1978. [N.T.]

6. *Revenu Minimum d'Insertion*, "renda mínima de inserção" em português. Trata-se de uma medida de proteção social que esteve em vigor na França entre 1º de dezembro de 1988 e 31 de maio de 2009. [N.T.]

proposta de articulação entre indivíduo e coletivo, garantindo uma relação de solidariedade mínima sobre o fundo da fragmentação geral."

Diante de todo dispositivo, por exemplo, uma catraca de entrada do metrô, a pergunta incorreta é "Para que serve?", e a resposta incorreta, nesse caso preciso, "Para impedir a fraude". A pergunta certa, materialista, a questão *metafísica-crítica*, ao contrário, é "Mas o que faz, que *operação* realiza esse dispositivo?". A resposta então será: "O dispositivo singulariza, extrai o corpo fraudulento da massa indistinta de 'usuários', forçando-o a fazer algum movimento facilmente identificável (passar por baixo da catraca ou esgueirar-se bem atrás de um 'usuário normal'). Desse modo, o dispositivo *faz existir* o predicado 'fraudador', isto é, faz existir um corpo determinado *enquanto fraudador*." O essencial, aqui, é o *enquanto*. Ou, de maneira mais exata, o modo pelo qual o dispositivo *naturaliza*, escamoteia, o *enquanto*. Já que o dispositivo tem uma maneira de fazer-se esquecer, de *se apagar* por trás do fluxo dos corpos que passam por ele, há uma permanência que se apoia na atualização contínua da submissão dos corpos a seu funcionamento, a sua existência *posta*, cotidiana e definitiva. O dispositivo instalado configura assim o espaço de tal modo que essa própria configuração permanece afastada, como puro dado. De sua maneira de dar-se por evidente, segue-se o fato de que o que faz existir não aparece como sendo materializado por ele. É assim que o dispositivo "catraca antifraude" *realiza* o predicado "fraudador" mais do que lhe impede a fraude. O DISPOSITIVO PRODUZ MUITO MATERIALMENTE UM CORPO DADO COMO SUJEITO DO PREDICADO DESEJADO.

O fato de que cada ente enquanto *determinado* seja, a partir de então, produzido pelos dispositivos, define um novo paradigma do poder. Em *Os anormais*, Foucault coloca como modelo histórico desse novo poder, do poder produtor dos dispositivos, a cidade durante a peste. Assim, é no seio das monarquias administrativas onde se teria experimentado a forma de poder que devia suplantá-las; forma de poder que já não procede por exclusão, mas por inclusão, nem por execução pública, mas por castigo terapêutico, nem por extração arbitrária de bens, mas pela maximização vital, nem pela soberania pessoal, mas pela aplicação impessoal de normas sem rosto. O emblema dessa mutação do poder, depois de Foucault, é a *gestão* dos pestilentos que se opõe ao *banimento* dos leprosos. Os pestilentos, com efeito, não são excluídos da cidade, relegados a um fora, como o eram os leprosos. Ao contrário, a peste dá ensejo ao desenvolvimento de toda uma aparelhagem imbricada, um escalonamento, uma gigantesca arquitetura de dispositivos de vigilância, identificação e seleção. A cidade, diz Foucault, "era dividida em distritos, os distritos eram divididos em bairros, então nos bairros se isolavam as ruas, e, em cada rua, havia vigias, em cada bairro, inspetores, em cada distrito, responsáveis de distritos, e, na própria cidade, havia um governador nomeado para essa causa ou os conselheiros que haviam recebido, no momento da peste, um poder complementar. Análise do território em seus elementos mais finos; organização, por meio desse território assim analisado, de um poder contínuo [...], poder que era também contínuo em seu exercício, e não apenas em sua pirâmide hierárquica, uma vez que a vigilância devia ser exercida sem interrupção alguma. Os sentinelas deviam estar sempre presentes na extremidade das ruas, os inspetores de bairro e de distritos deviam, duas vezes por dia, fazer sua inspeção, de tal modo que nada daquilo que acontecesse na cidade podia escapar de seus olhares. E tudo o que era assim observado devia ser registrado, de forma permanente, por essa espécie de exame visual e, igualmente, pela retranscrição de todas as informações nos grandes registros. No início da quarentena, com efeito, todos os cidadãos que se encontravam presentes na cidade tinham que dar seu nome. Seus nomes eram inscritos em uma série de registros. [...] E os inspetores tinham que passar todos os dias em cada casa, aí parar e chamar. Cada indivíduo tinha designada uma janela pela qual devia aparecer, e, quando o chamavam por seu nome, devia apresentar-se nela; isso dava a entender que, se ele não se apresentasse, era porque estava em sua cama; e se estava em sua cama, era porque estava doente; e se estava doente, era porque era perigoso. E, como consequência, era preciso intervir". O que Foucault aí descreve é o funcionamento de um paleodispositivo, o dispositivo antipeste, cuja natureza é, muito mais do que lutar contra a peste, produzir tal ou qual corpo como *pestilento*. Com os dispositivos, passamos assim "de uma tecnologia do poder que caça, exclui, bane, marginaliza, reprime, a um poder positivo, um poder que fabrica, um poder que observa, um poder que sabe e um poder que se multiplica a partir de seus próprios efeitos. [...] Um poder que não atua pela separação em grandes massas confusas, mas por distribuição segundo individualidades diferenciais".

Por muito tempo o dualismo ocidental consistiu em postular duas entidades adversas: o divino e o mundano, o sujeito e o objeto, a razão e a loucura, a alma e a carne, o bem e o mal, o dentro e o fora, a vida e a morte, o ser e o nada etc. etc. Isso posto, a civilização se construía como a luta de um contra outro. Era uma lógica excessivamente dispendiosa. O Império, é evidente, procede de outra forma. Ele ainda se move nessas dualidades, *mas já não acredita nelas*. De fato, ele se contenta em *utilizar* cada casal metafísico clássico com a finalidade de manter a ordem, ou seja, como máquina binária. Por dispositivo, entende-se a partir de agora um espaço polarizado por uma falsa antinomia, de tal modo que tudo o que nele se passa seja *reduzível* a um ou outro de seus termos. O mais gigantesco dispositivo jamais realizado como tal foi, evidentemente, o macrodispositivo geoestratégico Leste-Oeste, no qual se opunham termo por termo o "bloco socialista" e o "bloco capitalista". Toda rebelião, toda alteridade que vinha a se manifestar *onde quer que seja*, ou tinha que ser leal a uma das identidades propostas, ou se encontrava marcada contra sua vontade no polo oficialmente inimigo do poder que afrontava. Sob a potência residual da retórica stalinista do "vocês fazem o jogo de..." – Le Pen, a direita ou a globalização, pouco importa –, que é só uma transposição reflexa do velho "classe contra classe", mede-se a violência das correntes que passam por todo dispositivo e a inacreditável nocividade da metafísica ocidental em putrefação. Um lugar-comum de geopolítico consiste em ridicularizar essas ex-guerrilhas marxistas-leninistas do "Terceiro Mundo" que, após o naufrágio do macrodispositivo Leste-Oeste, teriam sido reconvertidas em simples máfias ou teriam adotado uma ideologia considerada uma loucura sob o pretexto de que os senhores da rua Saint-Guillaume não compreendem sua linguagem. De fato, o que aparece neste momento, é muito mais o insustentável efeito de redução, de obstrução, de formatação e de disciplinarização que todo dispositivo exerce sobre a *anomalia selvagem* dos fenômenos. *A posteriori*, as lutas de libertação nacional mostram-se menos como trapaças que a URSS havia tramado do que como a trapaça de *outra coisa* que desafia o sistema de representação e recusa-se a nele tomar lugar.

O que é preciso compreender, com efeito, é que todo dispositivo funciona a partir de um *casal* – inversamente, a experiência mostra que um casal que *funciona* é um casal que *faz dispositivo*. Um casal, e não um par ou uma dupla, pois todo casal é assimétrico, comporta um maior e um menor. O maior e o menor não são nominalmente distintos – dois termos "contrários" podem com perfeição designar a mesma propriedade, e, em certo sentido, é assim a maior parte do tempo –, nomeiam duas *modalidades diferentes de agregação de fenômenos*. O maior, no dispositivo, é a norma. O dispositivo agrega o que é compatível com a norma pelo simples fato *de não o distinguir*, de deixá-lo imerso na massa anônima, portadora do que é "normal". Assim, em uma sala de cinema, aquele que não grita, não cantarola, não se despe, não... etc. permanecerá como algo indistinto, agregado à massa hospitaleira dos espectadores, *significante enquanto insignificante*, por baixo de todo reconhecimento. O termo menor do dispositivo será, portanto, *o anormal*. É isso que o dispositivo faz existir, singulariza, isola, reconhece, distingue e então reagrega, *mas enquanto desagregado, separado, diferente do resto dos fenômenos*. Aqui, tem-se o termo menor, composto pelo conjunto do que o dispositivo individua, predica e, por isso, desintegra, espectraliza, suspende; conjunto que SE assegura que nunca se condense, nunca se *encontre* e, eventualmente, conspire. É nesse ponto que a mecânica elementar do Biopoder se conecta diretamente com a lógica da representação tal como esta domina a metafísica ocidental.

A lógica da representação consiste em *reduzir* toda alteridade, fazer desaparecer o que está *aí*, que vem à presença em sua pura hecceidade e *dá a pensar*. Toda alteridade, toda diferença radical, na lógica da representação, é apreendida como negação do Mesmo que esta última começou por colocar. O que difere abruptamente e que não possui nada em comum com o Mesmo é assim conduzido e projetado no plano comum, que *não existe*, no qual agora aparece uma *contradição* em que um dos termos atemoriza o Mesmo. No dispositivo, o que não é a norma é então determinado como sua negação, como *anormal*. O que é somente *outro* é reintegrado como outro *da norma*, como o que *se opõe* a ela. O dispositivo médico fará existir o "doente" como o que *não é saudável*. O dispositivo escolar, o "bagunceiro" como o que *não é obediente*. O dispositivo judiciário, o "crime" como o que *não é legal*. Na biopolítica, o que não é normal será assim dado por patológico, quando sabemos pela experiência que a patologia é ela mesma, para o organismo doente, *uma norma de vida* e que a saúde não está ligada a uma norma de vida particular, mas a um estado de *forte normatividade*, a uma capacidade de afrontar e de criar *outras* normas de vida. A essência de todo dispositivo está em impor uma divisão autoritária do sensível na qual tudo o que vem à presença se confronta com chantagem de seu caráter binário.

O aspecto temível de todo *dispositivo* consiste no fato de que se funda sobre a estrutura originária da presença humana: que somos chamados ou *requisitados* pelo mundo. Todas as nossas "qualidades", nosso "ser próprio", estabelecem-se em um jogo com os entes de tal modo que nossa *disposição* em relação a estes não é primeira. Todavia, hoje é possível, no seio dos dispositivos mais banais – como tomar uma cerveja numa noite de sábado entre casais pequeno-burgueses –, experimentar a característica não tanto de solicitação, mas de *possessão* e mesmo de extrema *possessividade*, que se liga a todo dispositivo. E é nas discussões supérfluas, que marcam essa noitada lamentável, que se experimentará isso. Um dos Bloom "presentes" começará a falar mal dos funcionários-que-estão-o-tempo-todo-em-greve; feito isso, e sendo conhecido o papel, uma contrapolarização de tipo socialdemocrata aparecerá em outro Bloom, que encenará seu papel com mais ou menos alegria etc. etc. Aí, não são corpos que falam, *é um dispositivo que funciona*. Cada um dos protagonistas ativa, em série, as pequenas máquinas significantes prontas para uso e que sempre estão inscritas na linguagem *corrente*, na gramática, na metafísica, no SE. A única satisfação que podemos ter nesse tipo de *exercício* é ter atuado com brio no dispositivo. *A virtuosidade é a única liberdade, irrisória, que oferece a submissão aos determinismos significantes.*

Quem quer que fale, aja, "viva" em um dispositivo está, de algum modo, *autorizado* por ele. O dispositivo se faz autor de seus atos, palavras e condutas. Assegura a integração e a conversão em *identidade* de um conjunto heterogêneo de discursos, gestos, atitudes: hecceidades. A reversão de todo acontecimento em identidade é aquilo por meio do qual os dispositivos impõem uma ordem local tirânica ao caos global do Império. A produção de diferenças, de subjetividades, obedece, também ela, a um imperativo binário: toda a pacificação imperial repousa na encenação de falsas antinomias, de conflitos simuladores: "A favor ou contra Milošević", "A favor ou contra Saddam", "A favor ou contra a violência"... Sua ativação tem o efeito bloomificante que conhecemos e que acaba por obter de nós a indiferença omnilateral sobre a qual se apoia a ingerência, que se dá a todo vapor, do regime da polícia imperial. É a mesma sensação que temos diante de qualquer debate televisivo, ainda que os atores tenham pouco talento: a pura sideração diante do jogo implacável, a vida autônoma, a mecânica artística dos dispositivos e das significações. Desse modo, os "antiglobalização" oporão seus argumentos previsíveis aos "neoliberais". Os "sindicatos" reproduzirão infinitamente 1936 diante de um eterno *Comité des Forges*. A polícia combaterá a escória social. Os "fanáticos" afrontarão os "democratas". O culto da doença acreditará desafiar o culto da saúde. E toda essa agitação binária será a melhor garantia do sono mundial. É assim que, dia após dia, SE nos poupa cuidadosamente o duro dever de existir.

Pierre Janet, que há um século estudou os casos precursores do Bloom, consagrou um volume ao que chama de "automatismo psicológico". Ele se debruça sobre todas as formas positivas de crise da presença: sugestão, sonambulismo, ideias fixas, hipnose, mediunismo, escritura automática, desagregação mental, alucinações, possessões etc. Ele encontrou, no que chama de "miséria psicológica", a causa, ou melhor, a *condição* de todas essas manifestações heterogêneas. Por "miséria psicológica", ele compreende uma fraqueza geral do ser, inseparavelmente física e metafísica, que em todos os pontos se aparenta ao que chamamos de *Bloom*. Esse estado de fraqueza, anota ele, é também o terreno da cura, notadamente da cura por hipnose. Quanto mais bloomificado está o sujeito, mais é suscetível à sugestão e mais curável por esse meio. E, quanto mais recobra a saúde, menos essa medicina é operante, menos ele é sugestionável. O Bloom é assim a condição de funcionamento dos dispositivos, nossa própria vulnerabilidade em face deles. Mas, de maneira inversa à sugestão, o dispositivo jamais visa a obter algum retorno à saúde, mas a se integrar em nós como prótese indispensável de nossa presença, como muleta natural. Há uma necessidade do dispositivo que, apenas para que seja aumentada, é satisfeita pelo próprio dispositivo. Para falar como os coveiros do CNRS, os dispositivos "*encorajam a expressão das diferenças individuais.*"

Devemos aprender a nos apagar, a passar despercebidos na faixa cinza de cada dispositivo, a *nos camuflar* por trás de seu termo maior. Mesmo que o impulso espontâneo seja o de opor o gosto do anormal ao desejo de conformidade, devemos adquirir a arte de nos tornar perfeitamente anônimos, de oferecer a aparência da pura conformidade. Nós devemos adquirir essa pura arte da superfície *para dirigir nossas operações.* Isso equivale, por exemplo, a afastar a pseudotransgressão das não menos pseudoconvenções sociais, a revogar o partido da "sinceridade", da "verdade" e do "escândalo" revolucionários em prol de uma tirânica cortesia, por meio da qual mantêm-se afastados tanto o dispositivo quanto aqueles por ele possuídos. A transgressão, a monstruosidade e a anormalidade *reivindicadas* formam a armadilha mais retorcida com a qual os dispositivos nos capturam. Querer ser, isto é, ser singular, em um dispositivo, é nossa *principal fraqueza*, pela qual ele nos contém e nos engrena. De maneira inversa, o desejo de *ser controlado*, tão frequente em nossos contemporâneos, exprime seu *desejo de ser*. Para nós, esse desejo será, pelo contrário, o desejo de ser louco, ou monstruoso, ou criminoso. Mas esse desejo é aquilo por meio do qual somos controlados e neutralizados. Georges Devereux mostrou que cada cultura dispõe, para aqueles que gostariam de dela escapar, de uma *negação-modelo*, uma saída balizada, mediante a qual esta cultura capta a energia motriz de todas as transgressões em uma estabilização superior. É o *amok* nos malaios e, no Ocidente, a esquizofrenia. O malaio "é precondicionado por sua cultura – talvez sem seu conhecimento, ainda que seguramente de forma quase automática – a reagir a quase qualquer tensão violenta, interna ou externa, com uma crise de *amok*. No mesmo sentido, o homem moderno ocidental é condicionado por sua cultura a reagir a todos os estados de estresse por um comportamento aparentemente esquizofrênico. [...] Ser esquizofrênico representa a maneira 'conveniente' de estar louco em nossa sociedade" (*La schizophrénie, psychose ethnique ou La schizophrénie sans larmes*).

REGRA Nº 1: Todo dispositivo produz a singularidade como monstruosidade. Desse modo ele se consolida.
REGRA Nº 2: Ninguém jamais se libera de um dispositivo engajando-se contra seu termo menor.
REGRA Nº 3: Quando SE lhe atribuem um predicado, uma subjetividade e uma designação, jamais reaja e, sobretudo, nunca negue. A contrassubjetivação que disso SE extrairia é a prisão da qual você terá *sempre* mais dificuldades de sair.
REGRA Nº 4: A liberdade superior não reside na ausência de predicado, no anonimato por *falta*. Pelo contrário, a liberdade superior é o resultado da *saturação* de predicados, de sua acumulação anárquica. A sobrepredicação se anula automaticamente em uma impredicabilidade definitiva. "Lá nós já não temos mais segredo, não temos mais nada a esconder.

Somos nós que nos tornamos um segredo, nós que nos escondemos" (Deleuze-Parnet, *Diálogos*).

REGRA Nº 5: O contra-ataque jamais é uma resposta, mas a instauração de um novo dado.

VII

> "O possível implica a realidade correspondente
> com, além disso, algo que a ele se junta, pois
> o possível é o efeito combinado da realidade uma vez
> surgida e de um dispositivo que a lança para trás."
>
> BERGSON, *O pensamento e o movente*

Os dispositivos e o Bloom se coimplicam como dois polos solidários da suspensão epocal. Nunca acontece nada em um dispositivo. Nada acontece jamais, isto é, TUDO O QUE EXISTE EM UM DISPOSITIVO AÍ EXISTE NO MODO DA POSSIBILIDADE. Os dispositivos têm inclusive o poder de dissolver em sua possibilidade um acontecimento que efetivamente se deu, o qual SE denomina uma "catástrofe", por exemplo. Caso um avião comercial defeituoso exploda em pleno voo, de imediato SE desenvolverá uma grande quantidade de dispositivos que SE fará funcionar à base de fatos, histórias, declarações e estatísticas que reduzirão o acontecimento da morte de centenas de pessoas ao estatuto de *acidente*. Num piscar de olhos, SE terá dissipado a evidência de que a invenção das estradas de ferro foram, assim, necessariamente a invenção das catástrofes ferroviárias, tal como a invenção do

Concorde é a de sua explosão em pleno voo. Desse modo, SE separará em cada "progresso" o que resulta de sua *essência* e o que resulta, justamente, de seu *acidente*. E este, contra toda evidência, SE o expulsará. Ao fim de algumas semanas, SE terá absorvido o acontecimento da colisão em sua *possibilidade*, em sua eventualidade estatística. A partir disso, já não é o acidente que aconteceu, É SUA POSSIBILIDADE, NATURALMENTE ÍNFIMA, QUE SE ATUALIZOU. Em uma palavra, nada se passou: a essência do progresso tecnológico está salva. O monumento significante, colossal e compósito, que SE terá construído para a ocasião, cumpre aqui a vocação de todo dispositivo: *a manutenção da ordem fenomênica*. Pois essa é a destinação, no seio do Império, de todo dispositivo: *gerar e reger certo plano de fenomenalidade*, *assegurar a persistência de certa economia da presença*, manter a suspensão epocal no espaço para ela designado. Daí, a caráter de ausência, de sonolência, tão impressionante na existência no seio dos dispositivos, o sentimento bloomesco de se deixar levar pelo fluxo acolhedor dos fenômenos.

Dizemos que o modo de ser de todas as coisas, no seio do dispositivo, é a *possibilidade*. De um lado, a possibilidade se distingue do ato e, de outro, da potência. A potência, na atividade que é a escrita deste texto, é a linguagem, a linguagem como faculdade genérica de significar, comunicar. A possibilidade é a língua, isto é, o conjunto dos enunciados julgados corretos segundo a sintaxe, a gramática e o vocabulário francês em seu estado presente. O ato é a palavra; a enunciação, a produção *hic et nunc* de um enunciado determinado. À diferença da potência, a possibilidade é sempre possibilidade de algo. *No seio do dispositivo, tudo o que existe no modo da possibilidade* significa que tudo o que sucede no dispositivo sucede *como atualização de uma possibilidade que lhe era precedente* e que, por isso, é MAIS REAL que ele. Todo ato, todo acontecimento, é assim reabsorvido em sua possibilidade e nesta aparece como consequência previsível, como sua pura contingência. O que ocorre não é mais real pelo fato de ter ocorrido. É assim que o dispositivo exclui o acontecimento e o exclui *sob a forma de sua inclusão;* por exemplo, declarando-o possível posteriormente.

O que os dispositivos materializam é apenas a mais notória das imposturas da metafísica ocidental, que se condensa no adágio "a essência precede a existência". Para a metafísica, o existente é somente um predicado da essência; inclusive, de acordo com ela, todo existente só atualizará uma essência, esta que será para ele primeira. Segundo essa doutrina aberrante, a possibilidade, isto é, a *ideia*, precederia as coisas; cada realidade seria um possível que, *além disso, adquiriu a existência*. Quando se coloca em pé o pensamento, obtém-se que é a realidade plenamente desenvolvida de uma coisa o que coloca sua possibilidade *no passado*. É preciso que um acontecimento tenha advindo na totalidade de suas determinações para que algumas destas sejam isoladas e delas extraída a representação que fará com que o acontecimento figure como *tendo sido possível*. "O possível", diz Bergson, "não é senão o real com, ademais, um ato de espírito que projeta sua imagem no passado uma vez que se produziu." "Na medida", acrescenta Deleuze, "em que o possível se propõe à 'realização', é ele mesmo concebido como a imagem do real, e o real, como semelhança do possível. Por isso, compreende-se tão pouco o que a existência acrescenta ao conceito, ao desdobrar o semelhante pelo semelhante. Essa é a tara do possível, tara que o denuncia como produto posterior, ele próprio fabricado retroativamente à imagem do que se lhe assemelha."

Tudo o que é, em um dispositivo, se vê reconduzido seja à norma seja ao acidente. Enquanto o dispositivo suportar, nada pode acontecer. O acontecimento, *esse ato que custodia junto a si sua própria potência*, só pode vir de fora, como o que pulveriza aquilo mesmo que devia conjurar. Quando a música ruidosa explode, SE diz "Isto não é música". Quando 1968 irrompe, SE diz "Isto não é política". Quando 1977 coloca a Itália acossada no muro, SE diz "Isto não é comunismo". Frente ao velho Artaud, SE diz "Isto não é literatura". Logo, quando o acontecimento é fogo de palha, SE diz "Reconheço, isso era possível, é *uma* possibilidade, é *uma* possibilidade da música, da política, do comunismo, da literatura". E, finalmente, depois do primeiro momento de agitação causado pelo inexorável *trabalho da potência*, o dispositivo se reforma: "SE inclui, desativa e reterritorializa o acontecimento, SE designa a ele uma possibilidade, uma possibilidade *local*, a do dispositivo literário, por exemplo." Os canalhas do CNRS, que manipulam o verbo com uma tão jesuítica prudência, concluem docemente: "Se o dispositivo organiza e torna possível algo, não garante, todavia, sua atualização. Ele simplesmente faz existir um espaço particular onde esse 'algo' pode se produzir." Não SE poderia ser mais claro.

Se a perspectiva imperial tivesse uma palavra de ordem, esta seria: "TODO O PODER AOS DISPOSITIVOS!"

E é verdade que, na insurreição que vem, com frequência será suficiente liquidar os dispositivos que os sustentam para vencer os inimigos que em outros tempos deveriam ser abatidos. Essa palavra de ordem, no fundo, deriva menos do utopismo cibernético do que do pragmatismo imperial: as ficções da metafísica, grandes construções desérticas que não mais inspiram nem a fé nem a admiração, já não conseguem unificar os restos da desagregação universal. No Império, as antigas Instituições se degradam uma a uma em cascatas de dispositivos. O que se opera, e que é propriamente a tarefa imperial, é um desmantelamento organizado de cada Instituição em uma multiplicidade de dispositivos, em uma arborescência de normas relativas e cambiantes. Por exemplo, a Escola já não mais se preocupa em apresentar-se como uma ordem coerente. Ela não é mais que um agregado de aulas, horários, matérias, edifícios, trâmites, programas e projetos que são também eles dispositivos que visam a imobilizar os corpos. À extinção imperial de todo acontecimento corresponde assim a disseminação planetária e gestional dos dispositivos. Muitas vozes se elevam, então, para deplorar uma tão detestável época. Uns denunciam uma "perda de sentido", que se tornou constatável por toda parte, enquanto outros, os otimistas, juram todas as manhãs "dar sentido" a tal ou tal miséria para, invariavelmente, fracassar. De fato, todos concordam em *querer o sentido sem querer o acontecimento*. Fingem não ver que os dispositivos são, por natureza, hostis ao sentido e que, antes, têm a vocação de gerir a ausência. *Todos aqueles que falam de "sentido" sem dar os meios para explodir os dispositivos são nossos inimigos diretos*. Dar-se os meios é talvez apenas renunciar ao conforto do isolamento bloomesco. A maior parte dos dispositivos é, com efeito, vulnerável a quaisquer insubmissões coletivas por não ter sido estruturada para resistir a estas. Há alguns anos, seria suficiente estar numa dezena de pessoas decididas em um Caixa de Ação Social ou em um Escritório de Ajuda Social para extorquir-lhes sem demora uma ajuda de mil francos por pessoa inscrita. E, inclusive hoje em dia, não é preciso estar em muitos mais para levar a cabo uma autorredução de preço em um supermercado. A separação dos corpos e a atomização das formas-de-vida são a condição de subsistência da maior parte dos dispositivos imperiais. Hoje, "querer o sentido" implica imediatamente os três estados sobre os quais falamos e necessariamente leva à insurreição. Deste lado das zonas de opacidade e então da insurreição, estende-se o único reino dos dispositivos, o império desolado das máquinas de produzir a *significação*, das máquinas que *fazem significar* tudo o que se passa nelas segundo o sistema de representações localmente em vigor.

Alguns, que se consideram muito astutos – os mesmos que deviam se perguntar, há um século e meio, o que *seria* o comunismo –, hoje nos perguntam com que nossos famosos "encontros mais além das significações" podem se parecer. É preciso muitos corpos que nunca conheceram o abandono, a ebriedade da partilha, o contato familiar com outros corpos, e nem o perfeito repouso em si, para colocar tais questões com ar de superioridade. E, com efeito, que interesse pode ter o acontecimento, a prescrição das significações e o rompimento das correlações sistemáticas para aqueles que nunca operaram a conversão *ek*-stática da atenção? O que pode querer dizer o deixar-ser, a destruição daquilo que se interpõe entre nós e as coisas para aqueles que jamais perceberam o *requerimento* do mundo? O que eles podem compreender da existência sem porquê do mundo, aqueles que são incapazes de viver sem porquê? Seremos nós muito fortes e numerosos, na insurreição, para elaborar o ritmo que impede que os dispositivos se reformem e reabsorvam o sucedido? Estaremos suficientemente plenos de silêncio para encontrar o ponto de aplicação e a escansão que garantem um verdadeiro *efeito pogo*?[1] Saberemos colocar em concordância nossos atos com a pulsação da potência, com a fluidez dos fenômenos?

Em certo sentido, a partir de agora a questão revolucionária é uma questão *musical*.

1. Dança punk caracterizada por movimentos rígidos que lembram uma briga.

I

Todo movimento excede, por sua simples existência em ato, as finalidades que se dá. O conteúdo da luta cuja palavra de ordem é "Documentos para todos!" transborda evidentemente essa palavra de ordem, sem o qual não se explicaria como ela mobiliza tantos militantes que têm documentos.

Se alguém tivesse que se limitar a exigir documentos para todos, pretendendo não mais do que isso, acabaria por se fechar numa contradição: quando todo mundo tiver os documentos, estes terão por isso mesmo perdido todo valor. Aquele que reclama "Documentos para todos!" reclama também, de um ponto de vista objetivo, que os documentos sejam por fim desvalorizados e aniquilados.

Em outros termos, o verdadeiro conteúdo da reivindicação "Documentos para todos!" poderia ser assim formulado: é preciso que todo mundo tenha documentos para que todo mundo possa queimá-los.

II

A existência do proletário, do homem despossuído de tudo e cuja figura é representada pelo "sem documentos", uma vez que nenhum direito lhe é reconhecido, é a oportunidade para um questionamento total da sociedade que produz essa figura ou do meio de tornar desejável tudo aquilo que ela produz. O "sem documentos" que se limita a demandar o direito de se integrar a um mundo essencialmente nulo não poderia ser melhor do que este.

III

Os documentos de identidade constituem a forma arquetípica de uma opressão que, entretanto, se tornou muito mais sutil. Emprestando a alguém uma identidade, o poder, aparentemente, o reconhece. Com efeito, é apenas ele mesmo que ele reconhece, isto é, uma das identidades admitidas por ele. O poder tem necessidade, para se exercer, de fazer para cada indivíduo uma identidade e, em seguida, de fixá-lo nessa identidade. O liberalismo é solidário a mecanismos de controle que não têm nada de "liberal".

IV

A recusa do "caso a caso", da "regularização por demanda", é a recusa do poder que procede por individualização, por subjetivação. A recusa em ser paradoxalmente fichado enquanto não fichado.

V

A necessária solidariedade entre fichados e não fichados, entre aqueles que têm documentos e os que não os têm, só pode se fazer contra o princípio do fichamento, contra o princípio dos documentos. A luta presente quer, taticamente, que todo mundo tenha documentos, e, em seguida, de forma estratégica, que estes sejam, enquanto tais, abolidos.

"As chamas subiram então à cena como um efeito engraçado, fazendo parte do espetáculo. Alguns já queriam aplaudir e gritar 'Bravo!', uma vez que bruscamente compreenderam, fosse na palidez dos rostos vizinhos ou em algum rumor aterrorizante, inaudível aos ouvidos mas perceptíveis à alma, que se tratava de uma verdadeira chama que aparecia na cena, uma besta, uma besta terrível que não agradava. Todavia, ainda havia alguns que não sabiam nada do tigre que ali vinha bruscamente ao mundo e já era o mestre da noite. Os atores que se encontravam na cena gritaram e abandonaram o terreno artístico, e o público, por sua vez, começou a berrar. Na galeria, um outro tipo de besta imunda se levantou: o medo. Cada minuto parecia querer parir novos monstros."

Robert Walser

A propósito de Tiqqun

Giorgio Agamben

Entre 1975 e 1984, no momento em que o pensamento político conheceu uma fase de estagnação, os trabalhos de Michel Foucault vieram desobstruir o terreno dos falsos conceitos que dizem respeito a esse pensamento. Na aula de 05 de janeiro de 1984, Foucault resume sua estratégia em dois pontos. Primeiro: substituir a história da dominação pela análise dos procedimentos e técnicas de governamentalidade. Segundo: substituir a teoria do sujeito e a história da subjetividade pela análise histórica dos processos de subjetivação e das práticas de si. Um claro abandono, portanto, dos universais vazios que monopolizaram a atenção dos teóricos da política (a lei, a soberania, a vontade geral, etc.) em prol de uma análise detalhada das práticas e dos dispositivos governamentais. Isto é, pensar o poder não mais como uma hipóstase separada, mas como relações de poder; e mais do que o sujeito na posição fundacional ou transcendental, a proposição de uma análise pontual das das práticas e processos de subjetivação.

Creio que se quisermos compreender o que significou, quinze anos depois de Foucault, o surgimento de TIQQUN no pensamento político, é desse contexto que devemos partir.

Se, como vimos, havia em Foucault um abandono sem reservas de toda perspectiva antropológica, todavia, no cruzamento entre as técnicas de governo e os processos de subjetivação, talvez o espaço tenha permanecido vazio. Ou, melhor, talvez houvesse nessa zona – de encontro entre as técnicas de poder e os processos de subjetivação – as figuras que um texto extraordinário de 1983, *A vida dos homens infames*, chama de "vidas infames", "sombras sem rostos", extraídas de arquivos policiais e das "*lettres de cachet*"[1] sobre as quais esse encontro com o poder projeta subitamente sua luz, sua luz obscura.

A novidade de TIQQUN é que, por sua vez, ele opera ao mesmo tempo uma radicalização e uma nuance de duas estratégias (análises das técnicas de governo e dos processos de subjetivação) que em Foucault talvez não tenham encontrado seu ponto de junção.

Como Foucault demonstrou em sua *Microfísica do poder*, se o poder circula e sempre circulou nos dispositivos de todo tipo – jurídicos, linguísticos, materiais, etc. –, para TIQQUN o poder é apenas isso. O poder não se coloca mais em face da sociedade civil e da vida como hipóstase soberana, mas coincide inteiramente com a sociedade e com

---

1. As *lettres de cachet* eram, no Antigo Regime, as cartas que serviam para transmitir uma ordem real. [N.T.]

a vida; ele não tem mais centro, mas é um imenso acúmulo de dispositivos nos quais estão enredados o sujeito ou, antes, como diz Foucault, os processos de subjetivação. Diante disso, o gesto de TIQQUN é de juntar, fazer coincidir sem reservas os dois planos das análises que em Foucault ainda estão separados – dispositivos de governo e sujeito. Em um dos textos publicados na presente edição, *Uma metafísica crítica poderia nascer como ciência dos dispositivos*, se diz claramente: "Uma teoria do sujeito só é possível como teoria dos dispositivos". Assim, toda a busca derrisória por novos sujeitos políticos, que paralisou e ainda paralisa a tradição de esquerda na Europa, é afastada.

Portanto, teoria do sujeito e teoria dos dispositivos coincidem. É nessa zona opaca de indiferença entre essas duas teorias que se situam *Teoria do Bloom*, de Tiqqun I, e, de Tiqqun II,[2] os dois textos principais republicados nesta edição, a saber, *Introdução à guerra*

---

2. Agamben faz referência aos dois números da revista *Tiqqun* publicados, respectivamente, em 1999 e em 2001. A partir desses dois números, a editora La Fabrique organizou alguns livros: *Théorie du Bloom*, publicado em 2000, *Tout a failli, vive le communisme!*, publicado em 2009, e *Introduction à la guerre en cours*, também de 2009 e que agora traduzimos. [N.T.]

civil e *Uma metafísica crítica poderia nascer como ciência dos dispositivos.*

Nesse sentido, parece-me evidente que se nos situamos nessa zona de indiferença, todos os conceitos da política clássica – Estado, sociedade civil, classe, cidadão, representação, etc. – perdem seu sentido. Mas, por outro lado, é apenas nessa perspectiva, nessa zona opaca de indiferença, que os conceitos elaborados por TIQQUN – o Bloom, a política extática, o Partido Imaginário, guerra civil (no sentido particular que essa palavra assume no texto) – adquirem seu sentido próprio. E é a partir dessa zona de indiferença que eu creio ser preciso compreender as práticas de escritura, de pensamento e de ação que se colocam em jogo em TIQQUN.

No que diz respeito à escrita, como já observou Eric,[3] não se trata simplesmente de uma escrita anônima, nem mesmo pseudônima ou heteronímica. Nela, vemos que os esforços da polícia para atribuir a todo custo um texto a um autor ou um autor a um texto são em vão. Não há autor possível para esse

---

3. Agamben se refere a Eric Hazan, fundador da editora La Fabrique e organizador do evento no qual o presente texto fora apresentado. [N.T.]

texto, pois ele se situa em uma zona onde o conceito de autor não tem mais sentido. Foucault já havia demonstrado que o conceito de autor sempre funcionou em nossa cultura de um modo duplo: por um lado, é uma figura do sujeito e, por outro, um dispositivo de atribuição de responsabilidade penal.

Ora, Julien Coupat e seus amigos não podem ser os autores de nenhum texto publicado em TIQQUN ou em outro lugar, pois eles se situam justamente em uma zona onde sujeito e dispositivo coincidem a tal ponto que a própria categoria de autor não pode mais funcionar, não tem mais sentido. Aliás, creio que apenas se nos colocarmos desde a perspectiva aberta por TIQQUN – como, por exemplo, a constatação da guerra civil permanente instaurada pelo Estado – é que certos fatos macroscópicos dos países ditos democráticos nos quais vivemos adquirem seu sentido que, de outro modo, permaneceria inexplicável.

Por exemplo, gostaria de assinalar um fato que parece que ignoramos – mas que basta ir a uma biblioteca e fazer uma pequena pesquisa para disso se certificar, pois os textos absolutamente disponíveis: as leis atualmente em vigor na França, e em outros países ditos democráticos da Europa, são três ou quatro vezes mais repressivas que as leis em vigor na Itália sob o fascismo. Isso é um fato indiscutível, de todos os pontos de vista: tecnicamente (p.ex.: a duração do tempo de detenção) etc. É um fato. Outro fato: sempre associamos às sociedades e estados totalitários a instituição de tribunais especiais. Ora, ainda que jamais chamemos o tribunal e os juízes que tratam do caso Tarnac[4] de *tribunal especial,* fica muito claro que, de fato, se trata de um tribunal especial: são juízes escolhidos não se sabe como nem por quem que, desse modo, evidentemente constituem um tribunal especial. Vocês sabem que, por definição, um tribunal especial é destituído de toda legitimidade, pois ele fere tanto o princípio de igualdade dos indivíduos diante da lei quanto o princípio da proibição de subtrair um indivíduo

---

4. Agamben se refere à prisão de nove jovens, dentre eles Julien Coupat, no vilarejo de Tarnac, na França, sob a acusação de terrorismo. Sobre esse caso, Agamben publica dois textos em periódicos franceses de grande circulação. O primeiro aparece em 18 de novembro de 2008, na revista *Libération,* logo após a prisão dos jovens (há uma tradução para o português no panfleto político-cultural *Sopro, n. 3, fevereiro/2009* – disponível em http://www. culturaebarbarie.org/sopro/n3.pdf); o segundo, assinado em conjunto com Yldune Lévy, sai no jornal *Le Monde,* em 14 de novembro 2012 (há tradução para o português disponível http://flanagens.blogspot. com/2012/11/o-segredo-mais-bem-escondido-do-caso.html). [N.T.]

de seu juiz natural. Vejam que o princípio da lei em nossa sociedade é simplesmente destituído de toda legitimidade. Nesse sentido, hoje aceitamos que existam tribunais especiais, mas reprovamos que a Itália fascista e a Alemanha nazista os tenham instituído.

Creio que é sempre na perspectiva de TIQQUN sobre a guerra civil em curso que se torna compreensível a extensão, a toda população, da aplicação de medidas biométricas que foram concebidas inicialmente para o criminoso reincidente. Sabemos que em breve todo cidadão francês terá uma carteira de identidade com dados biométricos (coisas que foram concebidas para criminosos). Portanto, todo cidadão é tratado como criminoso ou terrorista potencial, *em potência*. Portanto, se o Estado nos trata como criminosos ou terroristas *em potência*, não devemos nos espantar com o fato de que quem se recusa a submeter-se ou denuncia esse estado de coisas seja tratado justamente como terrorista.

Gostaria de concluir lembrando uma história que me foi contada por um amigo, José Bergamín, que participou da Guerra Civil Espanhola, em 1936. Esse amigo, um poeta, juntamente com outro poeta, Rafael Alberti, haviam sido enviados aos Estados Unidos pelo governo republicano a fim de conseguir algum apoio do governo norte-americano. Mas eles foram parados na entrada do país pela polícia que, fazendo interrogatórios intermináveis, os acusou de serem comunistas. Meu amigo José Bergamín me disse que, após dez horas contínuas de interrogatório, assim falou para eles: "escutem, eu não sou comunista e jamais fui comunista, mas o que vocês acreditam que um comunista seja, isto eu o sou". Creio que é preciso dizer o mesmo agora: não somos e jamais seremos terroristas, mas o que vocês acreditam que talvez um terrorista seja, isto nós o somos!

NOTA: Esse texto é a transcrição da apresentação feita por Agamben por ocasião do lançamento de TIQQUN, *Contributions à la guerre en cours*, Éditions La Fabrique, Paris, 2009, organizada por Eric Hazan e realizada no Lavoir Moderne Parisien, em 19 de abril de 2009. O vídeo com a apresentação de Agamben pode ser visualizado em https://www.youtube.com/watch?v=Me0gcIqDvA0. A primeira transcrição e tradução para o português da apresentação de Agamben foi realizada por Erick Corrêa e publicada no panfleto político-cultural *Sopro, n. 39, novembro/2010* (disponível em: http://culturaebarbarie.org/sopro/outros/tiqqun.html). Aqui a tradução foi revista e modificada em alguns pontos por Vinícius Nicastro Honesko.

n-1

O livro como imagem do mundo é de toda maneira uma ideia insípida. Na verdade não basta dizer Viva o múltiplo, grito de resto difícil de emitir. Nenhuma habilidade tipográfica, lexical ou mesmo sintática será suficiente para fazê-lo ouvir. É preciso fazer o múltiplo, não acrescentando sempre uma dimensão superior, mas, ao contrário, da maneira mais simples, com força de sobriedade, no nível das dimensões de que se dispõe, sempre n-1 (é somente assim que o uno faz parte do múltiplo, estando sempre subtraído dele). Subtrair o único da multiplicidade a ser constituída; escrever a n-1.

Gilles Deleuze e Félix Guattari

Dados Internacionais de Catalogação na Publicação (CIP)
de acordo com ISBD

T595   Tiqqun: contribuição para a guerra em curso / vários ;
traduzido por Vinícius Honesko. - São Paulo : n-1 edições, 2019.
272 p. : il. ; 12cm x 17cm.

Inclui índice.
ISBN: 978-856-69943-76-4

1. Filosofia. I. Honesko, Vinícius. II. Título.

CDD 320
2017-762   CDU 32

Elaborado por Vagner Rodolfo da Silva - CRB-8/9410

Índice para catálogo sistemático:
1. Filosofia 100
2. Filosofia 1

n-1edicoes.org